即学即会

中小企业财务管理实务

吴 芳 著

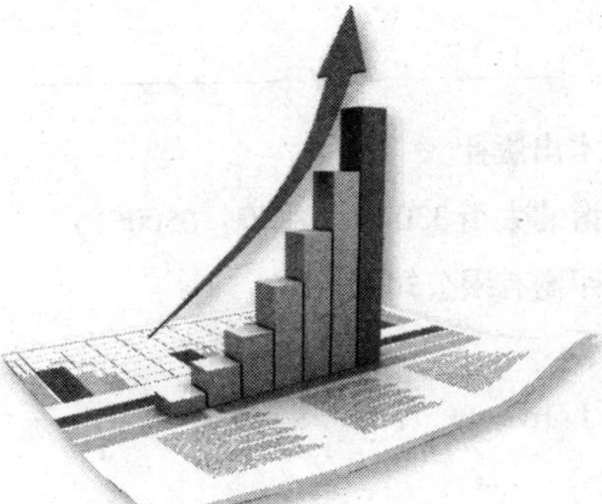

河北科学技术出版社

图书在版编目（CIP）数据

中小企业财务管理实务 / 吴芳著. —石家庄：河北科学技术出版社，2014. 9
（即学即会）
ISBN 978-7-5375-7245-3

Ⅰ. ①中… Ⅱ. ①吴… Ⅲ. ①中小企业-企业管理-财务管理-基本知识 Ⅳ. ①F276. 3

中国版本图书馆 CIP 数据核字（2014）第 216053 号

即学即会 中小企业财务管理实务
吴 芳 著

出版发行 河北科学技术出版社
地　　址 石家庄市友谊北大街 330 号（邮编：050061）
印　　刷 香河县宏润印刷有限公司
经　　销 新华书店
开　　本 787×1092 1/16
印　　张 16. 75
字　　数 250 千字
版　　次 2015 年 1 月第 1 版
　　　　 2015 年 1 月第 1 次印刷
定　　价 38. 00 元

前　言

财务是企业价值运动的中枢，管理是企业机体运动的润滑剂，所以财务管理成为企业管理的关键所在。另外，财务管理也是任何一个企事业单位内部经营管理的重要组成部分，企业整个机体运行的任何细微都能从企业财务活动中显露出来。

了解财务管理，可以为企业设计合理的资本结构，选择合理的筹资方式和筹资策略；选择正确的投资方向和项目；更好地控制企业的营运资金，提高资金利用率；同时还可以帮助企业进行税务筹划。

目前，关于中小企业财务管理的书籍非常多，但是适合中小企业管理人员学习使用的书籍却很少。许多中小企业的管理人员没有系统地学习过财务管理方面的知识，对许多关于财务、会计的理论性和概念性的知识不太清楚，因此在理解财务管理的知识点上比较困难。本书正是针对中小企业管理人员这一“苦衷”，集会计与财务管理的基本理论知识和实用性为一体，力求为中小企业管理人员带来财务管理方面的突破，快速掌握中小企业财务管理要诀。

由于作者水平有限，书中难免有疏漏和不当之处，望广大读者不吝指教。

目 录

第一天 财务管理就这么简单

50

第2章

中小企业财务管理的“三大支柱”

第二天　透视财务管理的玄机

91

第3章

中小企业的预算控制

108

第4章 中小企业的筹资与投资管理

129

第5章 中小企业的资本成本与资本结构控制

第一天

财务管理就这么简单

第一天突破知识点内容：

第1章　中小企业财务管理的基础理论知识

1.1　会计知识的理论框架

会计框架的形成有两个前提条件。首先，人们可以区分开“会计主体”（指某个企业，它们是会计记账的服务对象）和与之有联系的其他个人和企业。其次，对任意一个会计主体而言，其拥有的资产刚好等于债权人提供和所有人投入的总和。这个假设常常被称作“会计平衡”，记为：资产＝权益。在进行登记记录、确认会计要素和编制报表这些会计程序时，总要注意保持资产和权益的基本平衡关系。

1. 资产

总的说来，资产被认为是企业有权使用的预期能给企业带来经济利益的一切有价值的东西。其中包括金融资产、机器设备和其他实物资产，以及别的对会计主体有价值的资产。大多数企业的资产范围很广，可以按其共有的特性进行分类。主要的金融资产包括现金、银行存款、企业应收账款和企业持有的易变现证券。经营性资产通常包括用于企业经营活动的土地、建筑物和机器设备，以及尚未出售的存货。其他资产可能还包括知识产权（如版权或专利权），企业会从这些权利的使用中获得收益。

2. 权益

企业的权益表示对企业资产享有的权利。粗略地讲，权益揭示了一个企业资源的提供者。一些权益人提供资产，期望获得回报，他们就是债权人。另一些人投入资产，然后参与到企业活动中去，他们就是所有者。非所有者的权益包括应付给雇员或供应商的账款、短期负债、其他形式的借款。所有者权益包括他们最初投入企业的资产，以及后来他们没有提取的收益中的一部分。

3. 资产 = 权益

这个会计平衡式要求一个企业开展会计工作时，必须保持资产和权益相等。换句话说，如果一个会计主体拥有的资产增加了，这些新的资产必定有其来源，而这个来源就对资产享有相应的权利。假如一个企业的资产价值增加了就必须确认是负债还是所有者权益相应增加。同样地，如果会计主体拥有的资产价值下降了，那么，或许是因为偿还了非所有者的债务，或许是所有者权益减少了。

4. 资产和权益的分类

尽管在某些决策环境中，关于总资产和总权益的信息有助于决策，但是，在大多数情况下，人们需要大量更详尽的信息。正如我们已经指出的那样，资产和权益各自按其不同的特性，可以有不同的形式。因此，会计中的习惯做法是采用一种划分资产和权益类别的体系。这种分类可以较粗，也可以较细，只要符合确认和报告的目的即可。随着分类方法的不断增多，确认、记录和报告会议信息的成本也相应增加，因此，经济上的束缚常常限制了真正被人们使用的分类方法的数目。

基本的会计平衡式通常可以扩展开来，把权益分为两大类：资产 = 负债 + 所有者权益。这个扩展式体现了企业对其外部相关人士，或者说对非企业成员、非企业所有者所负的债务与企业对其所有者所负的债务是完全不同的。假如企业解体，那么，所有者分得资产之前，先要将资产用于偿还所欠债权人的债务。这一法律上的区分为这种分类提供了基础。人们之所以使用会计平衡式的这一扩展式，原因之一是企业或会计主体与所有者之间有本质区别。所有者向企业投入资产，但他们并不是会计主体。假如资产超过负债部分越来越多，那么所有者权益就增加。如果所有者不再向企业追加投资，或是从企业资产中抽回资本，那么所有者权益的增加通常与企业的获利行为相关，而所有者权益的减少则通常与企业亏损有关。

1.2 会计科目与会计账户

在企业的生产经营过程中，会有各种经济业务发生，经济业务的发生必然引起资产或所有者权益的增减变动。如果单纯地从会计六要素——资产、负债、所有者权益、收入、费用、利润上来反映经济业务对企业的影响，就难以满足企业具体的生产经营管理的需要。会计需要对这六种会计要素进行细化和分类。

为了对会计对象的具体内容进行会计核算和监督，就需要根据各自不同的特点，分门别类地确定项目。例如，房屋建筑物、机器设备、运输设备都是企业的劳动资料，都具有单位价值较高、使用期限较长的特点，应把它们归为一类，叫做固定资产。又如，钢材、铜材、铝材、电子元器件等同为企业产品的实体，都是企业的劳动对象，应把它们归为一类，称做原材料。再如，投资者对企业的投资和银行对企业的各种期限的贷款都属于权益，但前者属于所有者权益，后者属于债权人权益，所以应归为两类，分别称为实收资本和短期借款。这里的固定资产、原材料、实收资本、短期借款就是会计科目。

1. 设置会计科目的原则

设置会计科目必须结合企业会计对象的种类和特点，像某些简单工具在一些中小企业可能作为固定资产处理，而在大型企业内仅仅作为低值易耗品核算。

设置会计科目必须符合经济管理的要求。

会计科目的设置要将统一性与灵活性结合起来。《企业会计制度》对各行业的会计科目有标准的规定，企业可以根据自己所处的行业和企业的自身情况选择适合自己的会计科目体系来建账。

会计科目要保持相对的稳定性，不可以朝令夕改。这是为了保持会计信息的可比性和一致性。会计信息的作用是为使用者提供关于企业运营方面的信息，是历史资料，如果会计科目不具有相对的稳定性，那么由此提供的会计信息的价值也很小。

会计科目按其提供会计指标的详细程度可分为总分类科目和明细分类科目。

2. 会计账户

现在我们已经知道了什么是会计科目，然而会计科目仅仅是分类核算的项目或标志，无法对各项经济业务分类记录，因此核算指标的具体数据资料，则要通过账户记录取得。账户是按照规定的会计科目在账簿中对各项经济业务进行分类，系统、连续记录的一种手段。

每个账户都有专门的格式，严格反映一定的经济内容，随着经济业务的不断发生，这些内容随之发生变化，这种变化需要在账户中反映出来。账户一般可分为左右两方，一方反映增加，另一方反映减少，如果规定在左方记录增加额，就应该在右方记录减少额；反之，如果规定在右方记录增加额，就应该在左方记录减少额，在具体工作中应规定在账户的左、右两方中究竟哪一方记录增加额，哪一方记录减少额。除此之外，账户的格式还应包括：

（1）账户名称及编号；

（2）经济业务发生日期和摘要；

（3）凭证号数，即账户记录的来源和依据；

（4）增加和减少的金额。

每个账户都有四个金额要素，即期初余额、期末余额、本期增加额和本期减少额。

其左方和右方登记的增减金额称为本期发生额，到期末应结算出期末余额，本期期末余额转入下期即为下期的期初余额。四个金额之间的关系为：

期末余额 = 期初余额 + 本期增加额 − 本期减少额

账户的格式取决于采用的记账方法。我国《企业会计准则》规定采用借贷记账法，它的“三栏式”账户格式见表 1 – 1：

表 1 – 1　　　　账户名称

年		凭证号数	摘要	借方	贷方	借或贷	余额
月	日						

会计有资产、负债、所有者权益、收入、费用及利润六大要素，相应的，账户也可分为资产类、负债类、所有者权益类、收益类、成本费用类、利润类六大类，而利润类账户包括“利润”、“利润分配”等账户。它们和所有者权益类账户具有相同的性质，因而可以并入所有者权益类账户。这样一来，账户按会计要素分类可分为资产类、负债类、所有者权益类、收益类及费用类五大类账户。

资产账户用来反映资产的增减变动和结存情况。账户的发生额反映资产的增减变动情况，账户的余额反映资产的结存情况。

负债类账户的发生额反映负债的增减变动情况，账户的余额反映未偿还的负债情况。

所有者权益包括投入资本和未分配利润。

收益类账户用来归集企业的收入情况。

成本费用类账户用来归集企业的成本费用。

3. 会计账户与会计科目有何关联

会计科目与会计账户是两个既有区别又有联系的概念，其联系表现在两者都是对会计对象具体内容进行分类，都说明一定的经济业务内容。同一名称的会计科目与会计账户反映的经济业务相同。两者的区别在于，会计科目只是经济业务分类核算的项目或标志，它规定了所应包括的一定经济业务的内容，会计账户却是具体记录经济业务的内容，可以提供具体的数据资料，登记经济业务增减变化的过程和结果，具有一定的结构。也就是说，科目是一个名词或术语，而会计账户以科目为名称，并且具有一定的结构，可以具体记录业务情况。

虽然会计账户与会计科目是不同的，但在实际工作中账户与科目这两个概念已不加严格区分，往往是互相通用的。

1.3 借贷记账法

借贷记账法中的借、贷并不是说谁欠了谁什么，它们是记录经济活动引起的企业价值变动的符号。其意义视账户的性质而异。在现代会计中，作为一种记账的术语它已完全和其原有的词义无关了。运用这一标准的符号体系，我们可以清楚地看到企业价值的变动过程。

《企业会计制度》第九条规定：企业的会计记账采用借贷记账法。

1. 借贷记账法的定义

借贷记账法是以“借”、“贷”两字作为专用记账符号，以方向相反、金额相等的方式在两个或两个以上账户中全面、相互联系地记录和反映会计要素增减变动情况的一种复式记账法。其理论基础是会计恒等式：

资产 = 负债 + 所有者权益

2. 借贷记账法的记账结构

借贷记账法账户的基本结构是：每一个账户都分为“借方”、“贷方”，一般说来规定账户的左方为“借方”，账户的右方为“贷方”。借贷两方必须作相反方向的记录。见图 1－1：

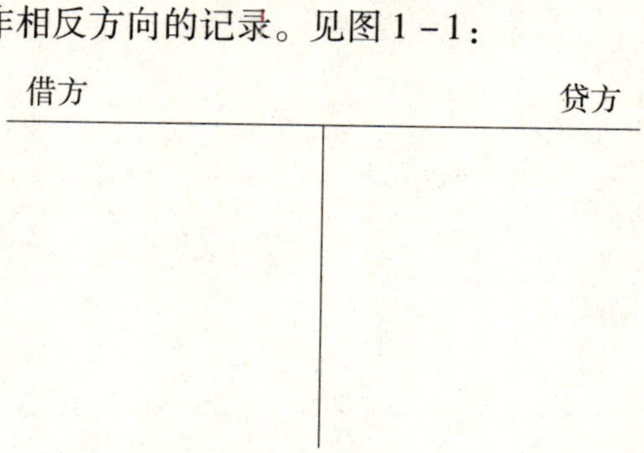

图 1－1　账户结构

（1）资产类账户的结构：借方记录资产的增加额，贷方记录资产的减少额。期末余额一般在借方。用公式表示为：

$$\text{资产类账户借方余额} = \text{借方期初余额} + \text{借方本期发生额} - \text{贷方本期发生额}$$

（2）负债及所有者权益类账户的结构：贷方记录负债和所有者权益的增加额，借方记录负债和所有者权益的减少额，期末余额一般在贷方。用公式表示为：

$$\text{负债及所有者权益类账户贷方余额} = \text{贷方期初余额} + \text{贷方本期发生额} - \text{借方本期发生额}$$

（3）费用成本类账户的结构：借方记录费用成本的发生额，贷方记录费用成本转销额，账户一般没有余额，若有期末余额，应在借方。

（4）收益类账户的结构：贷方记录收入的增加额，借方记录收益转出额，账户一般没有余额，若有余额，其期末余额应在贷方。

借贷记账法各类账户的结构见表1－2：

表1－2 各类账户的结构

账户类型	借方	贷方	余额方向
资产类	增加	减少	借方
负债类	减少	增加	贷方
所有者权益类	减少	增加	贷方
收益类	减少	增加	一般无余额
费用类	增加	减少	一般无余额

根据复式记账原理，再结合借贷记账法的账户结构，可知“有借必有贷，借贷必相等”。这是因为任意的一笔业务在记录时总是在相反的两个方向作等额的记录。即：对任何一项经济业务，都要同时记入有关账户的借方和另一些账户的贷方，且记入双方的金额相等。

1.4 权责发生制、历史成本制和收付实现制

会计信息的录入是遵循一定的原则的。首先，会计对经济活动的记录必须要遵循历史成本原则；其次，在经济活动的确认方面要遵循权责发生制原则；最后，在现金流量的确认方面要遵循收付实现制原则。

我们在前面的分析中已经提到会计是对企业的经营信息的系统记录，这些信息在记录的过程中必须遵循一定的规则与章程，这样才能保证信息的一致性和可比较性。而对经营者而言，明白这些规章是理解和运用会计信息的前提，因此理解会计信息的组织原则具有重要的意义。

（1）历史成本制（也称实际成本核算制）是指企业的各种资产应当按其取得或购建时的实际成本进行核算，其主要内容是：企业取得的资产，应以其购进或建造时发生的原始成本作为入账基础，并以此作为分摊和转作费用成本的依据，而不考虑随后市场价格变动的影响。

举个例子来说明这件事，假设天龙企业在2009年用39万美元购买了一块面积为1.2英亩的土地，该土地位于一个较偏僻的工商区中，并且在该土地上面已建有了新的建筑物。考虑到以后该企业可能需要有进一步的发展，天龙企业又花了28万美元购买了一块与之毗邻的面积为3/4英亩大小的小块土地。到了2007年，该工商区已是相当的繁荣，一块0.75英亩的土地，可卖到150万美元左右。很明显，空闲的那一小块地代表着企业控制着的一块市值为150万美元的财产。然而，这块土地反映在企业账簿上的价值仍然是当初购买的价格，即28万美元。这就是历史成本制原则的记录结果。

除非这一小块地已被交易，否则企业的账簿上将不会反映出其价值上的任何增值。因为直到发生产权的转移与一些价值的交换为止，交易才能称作已经完成，这时会计的记录才会有所改变。因此历史成本制记账法在维持事物的客观性上是相当有效的。也正是因为公认会计原则想让企业在交易之前先签订合同，所以才采用历史成本制记账法。这样，财务报表上记录着的是那些确实发生了的事件，而不是

“可能”、“或许” 发生的。

如果从以上的例子出发，是否因为财务报表不能反映当前市值就可以说这是其缺陷呢？其实并非如此，任何有知识的人都明白报表使用的是历史成本制记账法，所以天龙企业的经理与股东们是不会愚蠢到按报表上所写的 28 万美元来卖掉那块地皮的。如果想知道现在该土地的市值的话，应该去找人估价才对。

（2）权责发生制又称应计制，它是以收入和费用是否已经发生为标准来确认本期收入和支出的一种方法，其主要内容是：凡当期已经实现的收入和已经发生或应当负担的费用，不论款项是否收付都应当作为本期的收入和费用处理；反之亦然。

现在让我们来举例说明，假设在 2009 年 11 月，飞天企业向天龙企业开价 165 万美元来购买那一小块空地。由于飞天企业具有良好的历史信誉，经双方谈判决定，由飞天企业在 12 月 12 日支付 25 万美元的首期款，并同时支付了一张价值为 140 万美元的有担保期票，飞天企业将从 2010 年 1 月起，以 8% 的年利率向天龙企业分 8 年付清余款。那么天龙企业对此事该如何记账呢？

由于产权已被转移，价值已经发生了变化，因此交易被认定为在 2009 年发生，尽管天龙企业实际收到的仅为 25 万美元，剩余的 140 万美元将在余下的 8 年内付清，用权责发生制记账法记录在 2009 年度财务报表上的销售收入仍然为 165 万美元。同时，与账簿上该地 28 万美元的费用相抵，反映在表上为 137 万美元的利润。

总而言之，因为销售是在 2009 年完成，该年财务报表上就有了一笔 137 万美元的利润，这种记账方法以是否应计入本期为标准来处理有关经济业务的会计活动，而不管是否发生了实际上的支付。

最后，我们应该注意到公认会计原则的规定是相当保守的。如果某个项目的市价上涨，历史成本制记账方法使得我们不把其账面价值与之作相应的调整，反过来，若某个项目的市价发生了明显下降，其账面价值就要作相应的减少。

（3）收付实现制是与权责发生制相对应的一种收入、费用的配比原则。按照收付实现制，对于收入和费用的记账方法如下：按照收付实现的日期确定其归属期。凡属本期收到的收入都作为本期的收入；凡本期付出的款项，都作为本期发生的费用，把应列入本期收入的应收账款不列入本期收入，把应列入本期费用的应付账款不列入本期费用，等等。

例如，在上例中，天龙企业按照收付实现制的实现收入为 25 万美元，而非 165 万美元！收付实现制是制定现金流量表的基本原则。

1.5 从会计信息中透视企业信息

会计信息是由一系列的表格所组成的，它们从凭证到科目、账户直至财务报表。会计信息反映的是企业经营活动及其结果，通过对会计信息进行分析可以获取大量的反映企业经营状况的信息，这些信息基本上满足经营者对信息的需求。

会计学有用吗？当你了解到许多人面对企业的年报，仍是一筹莫展，不知所云时，也许会认为它毫无用处。

然而事实并非如此，会计学并不仅仅是一套记录与度量经济活动结果的体系，历史已经证明了它的作用与持久的生命力。不要因为不了解其中的奥秘就被它吓倒，众多的经营者、投资者与股东们都在使用财务报表来管理企业的运作、估算投资的回报、进行商务评价以及决定是否继续进行信贷活动，而财务报表就是运用会计学的原理统计与分析得出的。

从事经营活动的人们必须对预算的使用有个提前的计划。诸如产品的定价，供给的渠道是内部供应还是从供应商那里购买所需的资料，产品的产量是多少，产品销售可能的销售收入等此类众多的问题，都必须依赖于对统计数据的正确分析。

先举个例子，比如你是一个小厂的厂主，拥有几台机器和七八个工人，每天都有进货发货，月末还要给工人发工资，向政府交税，如果业务不是很多，你不用记录，头脑中就可以很清楚地掌握这些。但是一旦你的企业发展了，生意做大了，会使业务量增多，恐怕就“好记性不如烂笔头了”！你必须用笔来记录所发生的一切业务，日积月累，记录越来越多，如果没有一定的方法和体系，面对这些杂乱无章的记录，连你自己也无法理出头绪，到底是赚了，还是赔了，都难以讲清，这就需要采用一定方法，将这些业务记录、整理、分类，并最终以一定方式表达出来，这就形成了经营者所需要的企业信息。

实际上，经济活动就是基于数据之上的。如我们在构建一个企业时所做的计划，包括怎样构建，何时构建，是否可以重构等，都必须依靠财务报表。财务报表是对过去的经营效果的反映，它对未来的情况的预测具有重要的作用。

事实上，会计是一个商业信息提供系统，把企业有用的各种经济业务，统一成为以货币为计量单位，通过记账、算账、报账的程序来提供反映企业财务状况和经营成果的经济信息。

1.6 财务管理的含义及其在企业管理中的中心位置

1. 财务管理的含义

财务管理作为企业管理的一部分，由两种含义组成：

（1）组织企业财务活动，即企业资金的筹集、投放、使用，收入的实现和分配。

（2）处理企业财务关系，即处理企业与政府、与投资者、与债权人、与债务人及与企业内部的各种关系。

2. 财务管理在企业管理中的中心位置

在现代化的商品经济条件下，财务管理是企业的一项必不可少的基本经济管理活动。财务管理是涉及企业资金的活动，企业财务活动又引起了企业与各方面的一系列财务关系，这在一定程度上说明，企业的财务管理活动是整个企业活动的基础，它直接影响着整个企业的经济效益。因此，正确认识财务管理对企业管理的意义是十分重要的。

（1）企业的本质决策了财务管理的中心位置。

企业是国家宏观调控下，按市场需求自主经营，以提高经济效益、实现资产保值增值为目的的经济组织。生存、发展和获利是企业的目标，也就是说企业是以盈利为目的的经济组织。企业要发展，必须筹足足够的资金；企业要获利，也就必须通过合理使用资金才能实现。企业价值的最大化是企业的宗旨，也就是企业财务管理的目标，企业的一切工作都是围绕企业的宗旨展开的。

（2）市场经济决定了财务管理的中心位置。

市场经济条件下，是以市场为导向作为资源配置的，因此，市场价格作为指示器调整着企业的经济活动。企业总是把资金投入报酬率较高的项目，所有者又总把赌注压在有希望获利的企业，给它们注入资金。如果企业不是以财务为中心，而以产量、规模或其他目标为中心，就可能造成市场机制失灵，资源配置不符合规律；造成盲目扩建，产品积压，资金流向和产业结构的失衡，导致社会资源的浪费。

(3) 企业管理的现状决定了财务管理的中心位置。

我国自改革开放以来，企业管理模式由生产管理型向生产经营管理型转变，由以生产为中心转变为以经营为中心。从企业发展看，应以把经营管理放在管理的重要位置，然而，经营决策中预测、决策等信息，最为重要的仍是财务信息。财务部门在预测、决策过程中起到了极其重要的作用。

综上所述，以财务管理为中心，包含了企业整个经济活动，能使企业上下将责权结合，促进企业管理水平的提高。因此，随着市场经济的发展和激烈的竞争，企业管理以财务管理为中心是必然的。

1.7 财务管理对企业发展所产生的作用

1. 预测作用

财务预测是在认真研究分析有关历史资料、经济技术条件的情况下，对未来的财务指标做出估计和判断，制定财务计划的过程。通过预测和分析，找到增收的渠道和节支的途径。财务预测的内容主要包括：销售预测、资金预测、成本预测和利润预测 4 个方面。

2. 控制作用

财务控制是保证企业财务活动符合既定目标，取得最佳经济效益的一种方法。财务控制的内容主要有以下特点：

（1）加强财务管理的各项基础工作。

财务管理基础工作的主要内容是：健全原始记录、加强定额管理、严格计量验收、定期盘存财产物资以及制定企业内部结算价格制度等。

（2）组织财务计划的实施。

编制财务计划只是财务管理的起点，最终要组织计划的执行和落实，以达到不断改进工作、提高效率、降低成本、节约支出的目的。

（3）平衡财务收支。

其任务是及时根据实际情况，积极调度、合理组织资金，以保证生产的合理需要。

3. 监督作用

财务监督主要是利用货币形式对企业的生产经营活动所实行的监督，具体来说就是对资金的筹集、使用、耗费、回收和分配等活动进行监督。

4. 资本运营

财务管理是企业管理的中心，资本运营是企业管理的最高境界。资本运营不仅仅是运营产品，而且是运营资本。资本运营是现代财务管理的一项重要工作。它不采用财务会计中记账、算账、报账的方法，也不采用管理会计中预测利润的本量利法，而是采用管理会计中投资决策的理论和方法，采用财务管理中投资组合选择原理、资本结构理论等重要方法，将投资、融资和盘活存量资产作为主要内容。

1.8 财务管理中所需要的企业信息

中小企业经营者的职责是创造财富，通过对企业已有的资源进行合理的配置，产出最大的利润。为了达到这个目的，企业的经营者需要一系列的信息来做出经营的决策。在企业永续经营的前提下，经营者需要的是有助于他做出经营决策的信息。其中包括四组诊断工具：基础性信息、生产力信息、竞争力信息和资源配置信息。它们共同组成经营者管理现代企业所必需的工具。

1. 基础性信息

最古老和最常见的管理诊断工具是现金流量和流动性的预测，还有一些标准计量工具，诸如流通库存与新产品的销售比率、债券利息的收益率、过期6个月的应付账款的比率、应付账款总额和销售数字等。这些数据可以比之为医生例行身体检查中所测定的结果：体重、脉搏、体温、血压和尿样分析。如果这些数据显示正常，它们不会告诉我们更多的东西。如果它们显示异常，就意味着出现了某种问题，需要进一步诊断和治疗。这样的测量结果可以称之为基础性信息。

2. 生产力信息

企业诊断的第二套工具用于计算关键资源的生产力。其中一个最古老的指标测量的是劳动力的生产力。目前，我们在测量以知识为基础的工作和服务性工作的生产力方面正在取得缓慢的进步。然而，仅仅计量工人的生产力，不论是白领工人还是粉领工人或者是蓝领工人，已经不足以提供充分的生产力信息。我们需要的是“全要素的生产力”的数据。

这可以解释为什么 EVA（经济附加值分析）会渐渐流行开来。EVA 分析基于一些我们久已熟悉的东西：我们称之为利润的、归属于股东权益的那部分金钱往往根本不能算是利润的、除非企业的利润超过了资本的成本，否则这家企业根本就是亏损的。不要仅仅因为已缴纳所得税就断言它是一定正在赢利的企业。因为此时，它的回报可能仍然低于它所消耗的经济资源的成本。只有在企业利润高于资本成本时，这家企业才算是消化了它的全部成本。在此之前，它并没有创造财富；相反，它是在消耗财富。依据这一思想进行的研究得出了令人吃惊的结论：自第二次世界大战以来几乎没有哪一家美国企业可以称得上是持续赢利的。

最新引进的用于获取生产力信息的工具是基准法——将自己的企业同本行业中最好的企业进行对比，或者更进一步，同本行业中每一项最佳指标进行对比，基准法的合理假设在于，只要有一家企业能够做好，别的企业也应该能够做好。另一项同样正确的假设是，至少要同本行业的领导者保持同一水准是企业拥有竞争力的先决条件。EVA和基准法一起构成了测度和管理“全要素生产力”的诊断工具。

3. 竞争性信息

第三套诊断工具用于处理竞争力的问题。在 C. K. 普拉哈拉德和 G. 哈默尔发表了具有开创性意义的论文《公司的核心竞争力》之后，我们已经知道了所谓领导能力就是完成组织内其他人完全做不到或连勉强做到都很难的那些情况的能力。它是基于一种核心竞争力之上的能力，可以将市场或顾客的价值同生产商或供货商的特殊能力融合起来。

到目前为止，有关核心竞争力的讨论大多还停留在奇闻轶事的层次上，但是，已经有一大批高度专门化的中等规模的企业——例如一家瑞典制药商和一家美国的特种工具制造厂——正在开发计量与管理核心竞争力的方法体系。第一步是仔细地追踪自己和竞争对手的表现。特别注意留心在业绩中出现的意外的成功和意外的挫败。成功可以表明市场所看重的东西和它的回报。它表明企业在哪一方面具有领导优势，而没有取得成功则应当视为市场正在转变或企业的竞争能力弱化。这种分析可以帮助企业尽早发现机会。

4. 资源配置信息

依靠管理创造财富的现代企业所需要的最后一项诊断信息是资源配置信息，包括资本和有才能的人员。管理层所掌握的任何信息都必须借助这两项资源才能转化为行动。它们决定了一家企业经营得是好还是差。

从以上的分析我们可以认识到经营者所需的四类管理信息，都是源于财务信息。例如，基础性的信息可以直接从财务报表中获取；生产力的信息也可以从财务报表分析中得到；EVA 在企业利润表中可以直接得到；竞争性的信息可以从每期的财务报表的动态比较，以及同同行业的其他企业的财务信息进行横向的比较获得；资源配置信息的本身就源于财务报表。

1.9 财务管理在企业发展中的目标

企业财务管理的目标是指企业财务管理工作所要达到的最终目的。财务管理是企业管理的一部分，财务管理的目标取决于企业的总目标，财务管理的目标又决定着企业财务管理的基本方向。

1. 企业经营目标及其对财务管理的要求

企业目标可以具体细分为生存、发展和获利。

（1）生存目标对财务管理的要求。

企业生存的“土壤”是市场。企业在市场中生存下去的基本条件有两个：一是以收抵支；二是到期偿债。相应的，企业生存的威胁主要来自两个方面：一个是长期亏损，它是企业终止的根本原因；另一个是不能偿还到期债务，它是企业终止的直接原因。为此，力求保持以收抵支和偿还到期债务的能力，减少破产的风险，使企业能够长期、稳定地生存下去，是对财务管理的第一个要求。

（2）发展目标对财务管理的要求。

企业是在发展中求生存的，企业的发展集中表现为扩大收入。扩大收入的根本途径是提高产品的质量，扩大销售的数量，这就要求不断更新设备、技术和工艺，并不断提高各种人员的素质，也就是要投入更多、更好的物质资源、人力资源，并改进技术和管理。在市场经济中，各种资源的取得，都需要付出货币。企业的发展离不开资金。因此，筹集企业发展所需的资金，是对财务管理的第二个要求。

（3）获利目标对财务管理的要求。

从财务的角度看，盈利就是使资产获得超过其投资的回报。在市场经济中，没有“免费使用”的资金，资金的每项来源都有其成本。每项资产都是投资，都应获得相应的报酬。财务人员务必对企业正常营业产生的资金和从外部获得的资金有效地加以利用。因此，通过合理、有效地使用资金使企业获利，是对财务管理的第三个要求。

2. 财务管理整体目标

根据现代企业财务管理理论和实践，最具有代表性的财务管理目标主要有以下几种：

（1）利润最大化。

企业财务管理的目标就是利润最大化。利润代表了企业新创造的财富，利润越多则企业财富增加得越多，越接近企业的目标。

将利润最大化作为企业财务管理的目标对于企业追求产值、促进企业加强经济核算是有积极意义的，但是以利润最大化作为企业财务管理的目标也有一些缺陷。因此，现代财务理论认为，利润最大化并不是企业财务管理的最佳目标。

（2）每股盈余最大化。

每股盈余最大化即每股收益最大化，每股收益是利润额与普通股股数的比率，这种观点虽然把企业实现的利润额同企业的投入进行对比，但仍然没有考虑资金的时间价值，也没有考虑风险因素。

（3）股东财富最大化。

股东财富最大化是指企业应以达到股票的市价最高为目标，因此也称为股票价格最大化。它包含了多方面的影响因素，如企业的盈利能力、时间因素、风险因素等，同时避免了以利润最大化为目标造成的企业短期行为。但其缺点主要是过分强调股东的利益而对其他与企业相关团体的利益不够重视。

（4）企业价值最大化。

企业价值最大化是指通过企业的合理经营、选择策略等等，在保证企业长期稳定发展的基础上使企业价值达到最大。企业的价值在于它能给所有者带来未来报酬，它是一种潜在的获利能力，企业的价值不能用其账面价值来反映，因为许多资产的账面价值是一种历史成本，不代表其市场价值，更何况一些无形资源，如商誉等，在账面上反映不出来，企业的价值可通过市场的评价来确定。

3. 财务管理的分部目标

分部目标是指在整体目标的制约下，进行某一部分财务活动所要达到的目标，是为实现整体目标而起保证作用的目标。分部目标取决于财务管理的具体内容。财务管理的分部目标可以概括为如下几个方面：

（1）企业筹资管理目标。

要求企业在筹资时不仅需要从数量上满足生产经营的需要，而且要考虑到各种筹资方式给企业带来的资金成本的高低、财务风险的大小，以便选择最佳筹资方案和最佳资本结构，提高自有资本收益率，降低资金成本和财务风险，实现财务管理的整体目标。

（2）企业投资管理目标。

对于新增的投资项目，一方面要考虑项目建成后给企业带来的投资报酬，另一方面也要考虑投资项目给企业带来的风险，以便在风险与报酬之间进行均衡，不断提高企业价值，实现企业财务管理的整体目标。

（3）企业营运资金管理目标。

加速资金周转，提高资产利用率，同时降低产品成本，节约费用开支，减少资金占用，从而提高资产盈利率，为提高自有资本收益率奠定良好基础。

（4）企业利润管理目标。

企业财务管理必须努力发掘企业潜力，促使企业合理使用人力和物力，以尽可能少的耗费取得尽可能多的经营成果，增加企业盈利，提高企业价值。企业实现的利润，要合理进行分配。

4. 财务管理目标的协调

企业财务活动涉及到不同的利益主体，其中最主要的是股东、经营者、债权人，这三者构成了企业最重要的财务关系。企业是所有者，即股东的企业，财务管理目标是股东的目标，经营者、债权人与股东的目标不完全一致，企业只有协调好这三个方面的矛盾，才能实现“股东财富最大化”的目标。

（1）股东和经营者的矛盾与协调。

股东为企业提供资本金，目标是使其财富最大化；经营者则希望在提高企业价值或股东财富的同时，提高自己的报酬、荣誉、社会地位，增加闲暇时间，减少劳动强度。为了解决这一矛盾，股东通常可采取监督和激励两种办法来协调自己和经营者的目标。

（2）股东和债权人的矛盾与协调。

债权人把资金交给企业，其目标是到期收回本金，并获得约定的利息收入。债权人为了防止其利益被损害，一方面可以寻求立法保护，如破产时优先接管，优先于股东分配剩余财产；另一方面还可以在借款合同中加入限制性条款，如规定资金用途，规定不得发行新债或限制发行新债的数额，当发现企业有意侵蚀其债权价值时，可提前收回借款，拒绝进一步合作。

5. 财务管理目标与社会责任

企业财务管理目标与社会的目标有许多方面是一致的，企业在追求自己的目标时，自然会使社会受益。但企业财务管理目标与社会目标也有不一致的方面。如企业为了获利，可能生产伪劣产品；可能不顾工人的健康和利益；可能会造成环境污染；可能损害其他企业的利益等。国家要保护所有公民的正当权益，股东只是社会的一部分人，他们在谋求自己利益的时候，不能迫害他人的利益。为此，国家颁布一系列保护公众利益的法律法规，如《反暴利法》、《环境保护法》、《消费者权益保护法》和《产品质量监督法》等。通过这些法律法规来强制企业承担社会责任，调节股东和社会公众的利益。

1.10 中小企业的健康证明：资产负债表

1. 新会计准则下，资产负债表的内容

资产负债表的内容主要反映在以下三个方面，如图 1－2 所示。

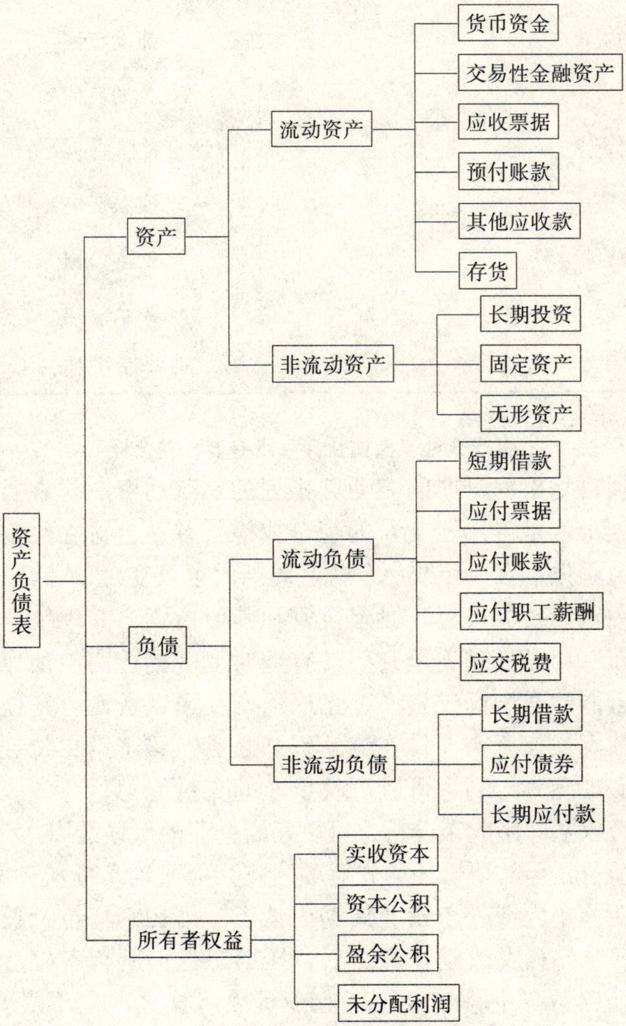

图 1－2　资产负债表的内容

2. 资产负债表的格式及填列要求

根据对信息的不同需求，资产负债表中各项目的具体排列形成了两种格式，即账户式和报告式（垂直式）。

（1）账户式资产负债表。

根据我国《企业会计准则》规定，企业资产负债表的格式一般采用账户式。账户式资产负债表分为左右两个部分，左方列示资产项目，右方列示负债和所有者权益项目，左右方对应平衡，见表1－3。

表1－3　　账户式资产负债表

资产：	负债：
1. 流动资产	1. 流动负债
2. 长期投资	2. 长期负债
3. 固定资产	所有者权益：
4. 无形资产	1. 实收资本
5. 其他资产	2. 资本公积
	3. 盈余公积
	4. 未分配利润

资产合计＝负债合计＋所有者权益合计

左方项目是根据资产的流动性排列的。流动资产排在首位，其中货币资金本身就是可用于支付的现金或银行存款，排在最前面；以后是变现能力较强、在一年或一个营业周期内可以变现的各项流动资产。长期投资中包括债券投资、股票投资和其他投资，其中债券和股票尽管不准备在一年内变现，但它们具有随时变现的能力，所以，长期投资的变现可能性强于固定资产、无形资产及递延资产、其他长期资产和递延税款等长期资产，排在流动资产之后，居于第二位。资产按其流动性或变现能力排列，可以反映企业的支付能力，与该表右边的负债和所有者权益联系起来分析，可以判断企业的偿债能力。

右方项目按照需要偿还的先后顺序排列。流动负债偿还时间最短，一般需要在一年内或一个营业周期内偿还，排在第一位；长期负债偿还时间较长，排列在流动负债之后，居第二位；所有者权益在企业正常的生产经营情况下，或者该企业在解散清算之前是不需要偿还的，排列在最后。表右方按需要偿还的先后顺序排列，是与左方资产的排列顺序对应的，可以反映企业各种债务需要偿还的时间性和企业的偿债能力。

账户式资产负债表的基本格式见表1－4。

表1－4 **资产负债表** 会企01表

编制单位： 年 月 日 单位：元

资　产	期末余额	年初余额	负债和所有者权益（或股东权益）	期末余额	年初余额
流动资产：			流动负债：		
货币资金			短期借款		
交易性金融资产			交易性金融负债		
应收票据			应付票据		
应收账款			应付账款		
预付账款			预收账款		
应收利息			应付职工薪酬		
应收股利			应交税费		
其他应收款			应付利息		
存货			应付股利		
一年内到期的非流动资产			其他应付款		
其他流动资产			一年内到期的非流动负债		
流动资产合计			其他流动负债		
可供出售金融资产			非流动负债：		
持有至到期投资			长期借款		
长期应收款			应付债券		
长期股权投资			长期应付款		
非流动资产：			流动负债合计		
投资性房地产			专项应付款		
固定资产			预计负债		

续表

资　产	期末余额	年初余额	负债和所有者权益（或股东权益）	期末余额	年初余额
在建工程			递延所得税负债		
工程物资			其他非流动负债		
固定资产清理			非流动负债合计		
生产性生物资产			负债合计		
油气资产			所有者权益（或股东权益）：		
无形资产			实收资本（或股本）		
研发支出			资本公积		
商誉			减：库存股		
长期待摊费用			盈余公积		
递延所得税资产			未分配利润		
其他非流动资产			所有者权益（或股东权益）合计		
非流动资产合计					
资产总计			负债和所有者权益（或股东权益）总计		

（2）报告式资产负债表。

报告式资产负债表又称垂直式资产负债表，是一种将资产、负债和所有者权益垂直排列的类似于“报告形式”的报表格式，可以分为以下几种形式：

①按照“资产=负债+所有者权益”这一等式，报告式资产负债表简单列示见表1-5：

表1-5　　　　　　　　　　报告式资产负债表（1）

编制单位：××　　　　　　　　　年　月　日　　　　　　　　　单位：元

资产：
流动资产
长期资产
资产合计
负债：
流动负债
长期负债
负债合计
所有者权益：
实收资本
资本公积
盈余公积
未分配利润
所有者权益合计
负债及所有者权益合计

② 按照“资产-负债=所有者权益”这一等式，报告式资产负债表的格式简单列示见表1-6：

表1-6　　　　　　　　　　报告式资产负债表（2）

编制单位：　　　　　　　　　年　月　日　　　　　　　　　单位：元

资产：
流动资产
长期资产
资产合计
减：负债
流动负债
长期负债
负债合计
所有者权益：
实收资本
资本公积
盈余公积
未分配利润
所有者权益合计

③ 按照“流动资产－流动负债＝营运资金”，“营运资金＋长期资产－长期负债＝所有者权益”这两个等式，报告式资产负债表的格式简单列示见表1－7：

表1－7　　报告式资产负债表（3）

编制单位：　　年　月　日　　单位：元

流动资产
减：流动负债
营运资本
加：长期资产
减：长期负债
所有者权益

这种格式称为财务状况式资产负债表或营运资金式资产负债表。该表重点在于强调营运资金。营运资金是指用以维持企业经营正常运行所需的资金。将流动资产减去流动负债，剩余的部分就是营运资金。营运资金是企业可以真正自由营运的资金。

（3）资产负债表的填制要求。

以下以账户式资产负债表为例，分析资产负债表的填制要求。

本表“年初余额”栏内各项数字，应根据上年末资产负债表“期末余额”栏内所列数字填列。

如果本年度资产负债表规定的各个项目的名称和内容同上年度不相一致时，应对上年年末资产负债表各项目的名称和数字按照本年度的规定进行调整，填入本表“年初余额”栏内。

本表“期末余额”各项目的内容和填列方法如下：

①“货币资金”项目，反映企业库存现金、银行结算户存款、外埠存款、银行汇票存款、银行本票存款、信用卡存款、信用证保证金存款等的合计数。本项目应根据“库存现金”、“银行存款”、“其他货币资金”科目的期末余额合计填列。

②“交易性金融资产”项目，反映企业购入的各种能随时变现、并准备随时变现的、持有时间不超过1年（含1年）的股票、债券和基金，以及不超过1年（含1年）的其他投资，减去已提跌价准备后的净额。本项目应根据“交易性金融资产”科目的期末余额，减“短期投资跌价准备”科目的期末余额后的金额填列。

企业1年内到期的委托贷款，其本金和利息减去已计提的减值准备后的净额，也在本项目反映。

③“应收票据”项目，反映企业收到的未到期收款也未向银行贴现的应收票据，包括商业承兑汇票和银行承兑汇票。本项目应根据“应收票据”科目的期末余额填列。已向银行贴现和已背书转让的应收票据不包括在本项目内，其中已贴现的商业承兑汇票应在财务报表附注中单独披露。

④“应收账款”项目，反映企业因销售商品、产品和提供劳务等应向购买单位收取的各种款项，减去已计提的坏账准备后的净额。本项目应根据“应收账款”科目所属各明细科目的期末借方余额合计，减去“坏账准备”科目中有关应收账款计提的坏账准备期末余额后的金额填列。

如“应收账款”科目所属明细科目期末有贷方余额，应在本表“预收账款”项目内填列。

⑤“预付账款”项目，反映企业预付给供应单位的款项。本项目应根据“预付账款”科目所属各明细科目的期末借方余额合计填列。如“预付账款”科目所属有关明细科目期末有贷方余额的，应在本表“应付账款”项目内填列；如“应付账款”科目所属明细科目有借方余额的，也应包括在本项目内。

⑥“存货”项目，反映企业期末在库、在途和在加工中的各项存货的可变现净值，包括各种材料、商品、在产品、半成品、包装物、低值易耗品、分期收款发出商品、委托代销商品、受托代销商品等。本项目应根据“材料采购”、“周转材料”、“库存商品”、“发出商品”、“生产成本”等科目的期末余额合计，减去“存货跌价准备”科目期末余额后的金额填列。材料采用计划成本或售价核算的企业，还应按加或减材料成本差异或商品进销差价后的金额填列。

⑦“长期股权投资”项目，反映企业不准备在1年内（含1年）变现的各种股权性质的投资的可收回金额。本项目应根据“长期股权投资”科目的期末余额，减“长期投资减值准备”科目中有关股权投资减值准备期末余额填列。

⑧“固定资产原价”和“累计折旧”项目，反映企业的各种固定资产原价及累计折旧。融资租入的固定资产，其原价及已提折旧也包括在内。融资租入固定资产原价应在财务报表附注中另行反映。这两个项目应根据“固定资产”科目和“累计折旧”科目的期末余额填列。

⑨“固定资产清理”项目，反映企业因出售、毁损、报废等原因转入清理但尚未清理完毕的固定资产的账面价值减去固定资产清理过程中所发生的清理费用和变价收入等各项金额后所得的差额。本项目

应根据“固定资产清理”科目的期末借方余额填列，如“固定资产清理”科目期末为贷方余额，以“-”号填列。

⑩“无形资产”项目，反映企业各项无形资产的期末可收回金额。本项目应根据“无形资产”科目的期末余额，减去“累计摊销”科目期末余额后的金额填列。

⑪“长期待摊费用”项目，反映企业尚未摊销的摊销期限在1年以上（不含1年）的各种费用，如租入固定资产改良支出、大修理支出以及摊销期限在1年以上（不含1年）的其他待摊费用。长期待摊费用中在1年内（含1年）摊销的部分，应在本表“一年内到期的非流动资产”项目填列。本项目应根据“长期待摊费用”科目的期末余额减去1年内（含1年）摊销的数额后的金额填列。

⑫“短期借款”项目，反映企业借入的1年以内（含1年）归还的借款，本项目应根据“短期借款”科目的期末余额填列。

⑬“应付票据”项目，反映企业为了抵付货款等而开出、承兑的尚未到期付款的应付票据，包括银行承兑汇票和商业承兑汇票。本项目应根据“应付票据”科目的期末余额填列。

⑭“应付账款”项目，反映企业购买原材料、商品和接受劳务供应等方面应付给供应单位的款项。本项目应根据“应付账款”科目所属各有关明细科目的期末贷方余额合计填列，如“应付账款”科目所属各明细科目期末有借方余额的，应在本表“预付账款”项目内填列。

⑮“预收账款”项目，反映企业预收购买单位的账款。本项目应根据“预收账款”科目所属各有关明细科目的期末贷方余额填列，如“预收账款”科目所属有关明细科目有借方余额的，应在本表“应收账款”项目内填列；如“应收账款”科目所属明细科目有贷方余额的，也应包括在本项目内。

⑯“应付职工薪酬”项目，反映企业应付而暂时未付的职工工资。本项目应根据“应付职工薪酬”科目期末贷方余额填列，如“应付职工薪酬”科目期末为借方余额，以“-”号填列。

⑰“应交税费”项目，反映企业期末未交、多交或未抵扣的各种税金。本项目应根据“应交税费”科目的期末贷方余额填列，如“应交税费”科目期末为借方余额，以“-”号填列。

⑱“长期借款”项目，反映企业借入的尚未归还的1年期以上（不含1年）的借款本息。本项目应根据“长期借款”科目的期末余额填列。

⑲“应付债券”项目，反映企业发行的尚未偿还的各种长期债券的本息。本项目应根据“应付债券”科目的期末余额填列。

⑳“长期应付款”项目，反映企业除长期借款和应付债券以外的其他各种长期应付款。本项目应根据“长期应付款”科目的期末余额，减“未确认融资费用”科目期末余额后的金额填列。

㉑“实收资本（或股本）”项目，反映企业各投资者实际投入的资本（或股本）总额。本项目应根据“实收资本”（或股本）科目的期末余额填列。

㉒“资本公积”项目，反映企业资本公积的期末余额。本项目应根据“资本公积”科目的期末余额填列。

㉓“盈余公积”项目，反映企业盈余公积的期末余额。本项目应根据“盈余公积”科目的期末余额填列。

㉔“未分配利润”项目，反映企业尚未分配的利润，本项目根据“本年利润”科目和“利润分配”科目的余额合计填列，未弥补的亏损，在本项目内以“-”号填列。

3. 编制资产负债表

A公司某月科目余额见表1-8，根据科目余额表编制该公司本月资产负债表。

表1-8　　科目余额表　　单位：元

科目名称	借方余额	科目名称	贷方余额
库存现金	2 000	短期借款	50 000
银行存款	811 445	应付票据	100 000
其他货币资金	7 300	应付账款	953 800
交易性金融资产	0	其他应付款	50 000
应收票据	46 000	应付职工薪酬	180 000
应收账款	600 000	应交税费	211 944
坏账准备	-1 800	应付股利	32 215.85
预付账款	100 000	长期借款	1 160 000
其他应收款	5 000	其中：一年内到期的长期负债	0
材料采购	275 000	股本	5 000 000
原材料	45 000	盈余公积	135 685.15

续表

科目名称	借方余额	科目名称	贷方余额
周转材料	38 050	利润分配	
库存商品	2 212 400	（未分配利润）	220 000
材料成本差异	4 250		
长期股权投资	250 000		
固定资产	2 401 000		
累计折旧	－170 000		
工程物资	150 000		
在建工程	578 000		
无形资产	540 000		
长期待摊费用	200 000		
合　计	8 093 645	合　计	8 093 645

根据 A 公司科目余额表，编制该公司本月资产负债表，见表 1－9。

表 1－9　　**资产负债表**　　会企 01 表

编制单位：A 公司　　____年__月__日　　单位：元

资　　产	期末余额	年初余额	负债和所有者权益（或股东权益）	期末余额	年初余额
流动资产：			流动负债：		
货币资金	820 745	1 406 300	短期借款	50 000	300 000
交易性金融资产	0	15 000	交易性金融负债		
应收票据	46 000	246 000	应付票据	100 000	200 000
应收账款	598 200	299 100	应付账款	953 800	953 800
预付款项	100 000	200 000	预收款项		1 000
应收利息			应付职工薪酬	180 000	110 000
应收股利			应交税费	211 944	36 600
其他应收款	5 000	5 000	应付利息		
存货	2 574 700	2 580 000	应付股利	32 215.85	

续表

资　　产	期末余额	年初余额	负债和所有者权益（或股东权益）	期末余额	年初余额
一年内到期的非流动资产			其他应付款	50 000	50 000
其他流动资产			一年内到期的非流动负债		1 000 000
流动资产合计	4 144 645	4 751 400	其他流动负债		
非流动资产：			流动负债合计	1 577 959. 85	2 651 400
可供出售金融资产			非流动负债：		
持有至到期投资			长期借款	1 160 000	600 000
长期应收款			应付债券		
长期股权投资	250 000	250 000	长期应付款		
投资性房地产			专项应付款		
固定资产	2 231 000	1 100 000	预计负债		
在建工程	578 000	1 500 000	递延所得税负债		
工程物资	150 000		其他非流动负债		
固定资产清理			非流动负债合计	1 160 000	600 000
生产性生物资产			负债合计	2 737 959. 85	3 251 400
油气资产			所有者权益（或股东权益）：		
无形资产	540 000	600 000	实收资本（或股本）	5 000 000	5 000 000
研发支出			资本公积		
商誉			减：库存股		
长期待摊费用	200 000	200 000	盈余公积	135 685. 15	100 000
递延所得税资产			未分配利润	220 000	50 000
其他非流动资产			所有者权益（或股东权益）合计	5 355 685. 15	5 150 000
非流动资产合计	3 949 000	3 650 000			
资产总计	8 093 645	8 401 400	负债和所有者权益（或股东权益）总计	8 093 645	8 401 400

1.11 中小企业利润的来龙去脉：利润表

1. 新会计准则下，利润表的内容

（1）利润表的概念。

利润表，又称收益表或损益表，是反映企业一定期间生产经营成果的财务报表。利润表把一定时期的营业收益与其同一会计期间的营业费用进行配比，以计算出公司一定时期的税后净利润。通过利润表反映的收入、成本和费用等情况，反映出公司生产经营的收益情况、成本耗费情况，从而表明公司生产经营成果；同时，通过利润表提供的不同时期的比较数字（本年金额、上年金额），可以分析公司今后利润的发展趋势及获利能力，了解投资者投入资本的完整性。

由于利润是公司经营业绩的综合体现，又是进行利润分配的主要依据，因此，利润表是财务报表中的主要报表之一。

（2）各栏目的内容。

利润表至少应当单独列示反映下列信息的项目：

①营业收入。

②营业成本。

③营业税金及附加。

④管理费用。

⑤销售费用。

⑥财务费用。

⑦投资收益。

⑧公允价值变动损益。

⑨资产减值损失。

⑩非流动资产处置损益。

⑪所得税费用。

⑫净利润。

金融企业可以根据其特殊性列示利润表项目。在合并利润表中，企业应当在净利润项目之下单独列示归属于母公司的损益和归属于少数股东的损益。

2. 利润表的格式及填列要求

我国企业利润表采用多步式格式，如表 1－10 所示。

表 1－10 **利润表** 会企 02 表

编制单位： 年 月 单位：元

项 目	本期金额	上期金额
一、营业收入		
减：营业成本		
营业税金及附加		
销售费用		
管理费用		
财务费用		
资产减值损失		
加：公允价值变动收益（损失以“－”号填列）		
投资收益（损失以“－”号填列）		
其中：对联营企业和合营企业的投资收益		
二、营业利润（亏损以“－”号填列）		
加：营业外收入		
减：营业外支出		
其中：非流动资产处置损失		
三、利润总额（亏损总额以“－”号填列）		
减：所得税费用		
四、净利润（净亏损以“－”号填列）		
五、每股收益：		
（一）基本每股收益		
（二）稀释每股收益		

3. 编制利润表

例 A公司某年有关损益类科目的余额，见表1－11。

表1－11　　　　损益类科目余额表　　　　单位：元

科目名称	借方发生额	贷方发生额
主营业务收入		1 250 000
主营业务成本	750 000	
营业税金及附加	2 000	
销售费用	20 000	
管理费用	158 000	
财务费用	41 500	
投资收益		31 500
营业外收入		5 000
营业外支出	19 700	
所得税费用	102 399	

根据A公司该月损益类科目余额表，编制该月利润表，见表1－12。

表1－12　　　　利润表　　　　会企02表

编制单位：A公司　　　　____年__月　　　　单位：元

项　　目	本期金额	上期金额（略）
一、营业收入	1 250 000	
减：营业成本	750 000	
营业税金及附加	2 000	
销售费用	20 000	
管理费用	158 000	
财务费用	41 500	

续表

项　　目	本期金额	上期金额（略）
资产减值损失		
加：公允价值变动收益（损失以“－”号填列）		
投资收益（损失以“－”号填列）	31 500	
其中：对联营企业和合营企业的投资收益		
二、营业利润（亏损以“－”号填列）	310 000	
加：营业外收入	5 000	
减：营业外支出	19 700	
其中：非流动资产处置损失		
三、利润总额（亏损总额以“－”号填列）	295 300	
减：所得税费用	102 399	
四、净利润（净亏损以“－”号填列）	192 901	
五、每股收益：		
（一）基本每股收益		
（二）稀释每股收益		

1.12 中小企业资金的流动路线：现金流量表

1. 新会计准则下，现金流量表的内容

现金流量是指一定会计期间内企业现金和现金等价物的流入和流出。企业从银行提取现金、用现金购买短期到期的国库券等现金和现金等价物之间的转换不属于现金流量。

现金是指企业库存现金以及可以随时用于支付的存款，包括库存现金、银行存款和其他货币金（如外埠存款、银行汇票存款、银行本票存款等）等。不能随时用于支付的存款不属于现金。

现金等价物，是指企业持有的期限短、流动性强、易于转换为已知金额现金、价值变动风险很小的投资。期限短，一般是指从购买日起3个月内到期。现金等价物通常包括三个月内到期的债券投资等。权益性投资变现的金额通常不确定，因而不属于现金等价物。企业应当根据具体情况，确定现金等价物的范围，一经确定不得随意变更。现金流量表是反映企业在一定会计期间现金和现金等价物流入和流出的报表。通过现金流量表，可以为报表使用者提供企业一定会计期间内现金和现金等价物流入和流出的信息，便于使用者了解和评价企业获取现金和现金等价物的能力，据以预测企业未来现金流量。

企业产生的现金流量分为三类：

（1）经营活动产生的现金流量。

经营活动，是指企业投资活动和筹资活动以外的所有交易和事项。经营活动产生的现金流量主要包括销售商品或提供劳务、购买商品、接受劳务、支付工资和交纳税款等流入和流出的现金和现金等价物。

（2）投资活动产生的现金流量。

投资活动，是指企业长期资产的购建和不包括在现金等价物范围内的投资及其处置活动。投资活动产生的现金流量主要包括购建固定资产、处置子公司及其他营业单位等流入和流出的现金和现金等价物。

（3）筹资活动产生的现金流量。

筹资活动，是指导致企业资本及债务规模和构成发生变化的活动。筹资活动产生的现金流量主要包括吸收投资、发行股票、分配利润、发行债券、偿还债务等流入和流出的现金和现金等价物。偿付应付账款、应付票据等商业应付款等属于经营活动，不属于筹资活动。

2. 现金流量表的格式及填列要求

现金流量表见表 1－13。

表 1－13 **现金流量表** 会企 03 表

编制单位： ________年度 单位：元

项　目	本期金额	上期金额
一、经营活动产生的现金流量：		
销售商品、提供劳务收到的现金		
收到的税费返还		
收到其他与经营活动有关的现金		
经营活动现金流入小计		
购买商品、接受劳务支付的现金		
支付给职工以及为职工支付的现金		
支付的各项税费		
支付其他与经营活动有关的现金		
经营活动现金流出小计		
经营活动产生的现金流量净额		
二、投资活动产生的现金流量：		
收回投资收到的现金		
取得投资收益收到的现金		
处置固定资产、无形资产和其他长期资产收回的现金净额		
处置子公司及其他营业单位收到的现金净额		
收到其他与投资活动有关的现金		
投资活动现金流入小计		
购建固定资产、无形资产和其他长期资产支付的现金		

续表

项　　目	本期金额	上期金额
投资支付的现金		
取得子公司及其他营业单位支付的现金净额		
支付其他与投资活动有关的现金		
投资活动现金流出小计		
投资活动产生的现金流量净额		
三、筹资活动产生的现金流量：		
吸收投资收到的现金		
取得借款收到的现金		
收到其他与筹资活动有关的现金		
筹资活动现金流入小计		
偿还债务支付的现金		
分配股利、利润或偿付利息支付的现金		
支付其他与筹资活动有关的现金		
筹资活动现金流出小计		
筹资活动产生的现金流量净额		
四、汇率变动对现金及现金等价物的影响		
五、现金及现金等价物净增加额		
加：期初现金及现金等价物余额		
六、期末现金及现金等价物余额		

(1) 经营活动产生的现金流量。

①“销售商品、提供劳务收到的现金”项目，反映企业本期销售商品、提供劳务收到的现金，以及前期销售商品、提供劳务本期收到的现金（包括销售收入和应向购买者收取的增值税销项税额）和本期预收的款项，减去本期销售本期退回的商品和前期销售本期退回的商品支付的现金。企业销售材料和代购代销业务收到的现金，也在本项目反映。

②“收到的税费返还”项目，反映企业收到返还的增值税、营业税、所得税、消费税、关税和教育费附加返还款等各种税费。

③“收到其他与经营活动有关的现金”项目，反映企业收到的罚

款收入、经营租赁收到的租金等其他与经营活动有关的现金流入，金额较大的应当单独列示。

④“购买商品、接受劳务支付的现金”项目，反映企业本期购买商品、接受劳务实际支付的现金（包括增值税进项税额），以及本期支付前期购买商品、接受劳务的未付款项和本期预付款项，减去本期发生的购货退回收到的现金。

⑤“支付给职工以及为职工支付的现金”项目，反映企业本期实际支付给职工的工资、奖金、各种津贴和补贴等职工薪酬，但是应由在建工程、无形资产负担的职工薪酬以及支付的离退休人员的职工薪酬除外。

⑥“支付的各项税费”项目，反映企业本期发生并支付的、本期支付以前各期发生的以及预交的教育费附加、矿产资源补偿费、印花税、房产税、土地增值税、车船税、预交的营业税等税费，计入固定资产价值。实际支付的耕地占用税、本期退回的增值税、所得税等除外。

⑦“支付的其他与经营活动有关的现金”项目，反映企业支付的罚款支出、支付的差旅费、业务招待费、保险费、经营租赁支付的现金等其他与经营活动有关的现金流出，金额较大的应当单独列示。

（2）投资活动产生的现金流量。

①“收回投资收到的现金”项目，反映企业出售、转让或到期收回除现金等价物以外的交易性金融资产、长期股权投资而收到的现金，以及收回长期债权投资本金而收到的现金，但长期债权投资收回的利息除外。

②“取得投资收益收到的现金”项目，反映企业因股权性投资而分得的现金股利，从子公司、联营企业或合营企业分回利润而收到的现金，以及因债权性投资而取得的现金利息收入，但股票股利除外。

③“处置固定资产、无形资产和其他长期资产收回的现金净额”项目，反映企业出售、报废固定资产、无形资产和其他长期资产所取得的现金（包括因资产毁损而收到的保险赔偿收入），减去为处置这些资产而支付的有关费用后的净额，但现金净额为负数的除外。

④“处置子公司及其他营业单位收到的现金净额”项目，反映企业处置子公司及其他营业单位所取得的现金减去相关处置费用后的净额。

⑤“购建固定资产、无形资产和其他长期资产支付的现金”项目，反映企业购买、建造固定资产、取得无形资产和其他长期资产所支付的现金及增值税款、支付的应由在建工程和无形资产负担的职工薪酬

现金支出，但为购建固定资产而发生的借款利息资本化部分、融资租入固定资产所支付的租赁费除外。

⑥“投资支付的现金”项目，反映企业取得的除现金等价物以外的权益性投资和债权性投资所支付的现金以及支付的佣金、手续费等附加费用。

⑦“取得子公司及其他营业单位支付的现金净额”项目，反映企业购买子公司及其他营业单位购买出价中以现金支付的部分，减去子公司或其他营业单位持有的现金和现金等价物后的净额。

⑧“收到其他与投资活动有关的现金”、“支付其他与投资活动有关的现金”项目，反映企业除上述①~⑦项目外收到或支付的其他与投资活动有关的现金流入或流出，金额较大的应当单独列示。

（3）筹资活动产生的现金流量。

①“吸收投资收到的现金”项目，反映企业以发行股票、债券等方式筹集资金实际收到的款项，减去直接支付给金融企业的佣金、手续费、宣传费、咨询费、印刷费等发行费用后的净额。

②“取得借款收到的现金”项目，反映企业举借各种短期、长期借款而收到的现金。

③“偿还债务支付的现金”项目，反映企业以现金偿还债务的本金。

④“分配股利、利润或偿付利息支付的现金”项目，反映企业实际支付的现金股利、支付给其他投资单位的利润或用现金支付的借款利息、债券利息。

⑤“收到其他与筹资活动有关的现金”、“支付其他与筹资活动有关的现金”项目，反映企业除上述①~④项目外，收到或支付的其他与筹资活动有关的现金流入或流出，包括以发行股票、债券等方式筹集资金而由企业直接支付的审计和咨询等费用、为购建固定资产而发生的借款利息资本化部分、融资租入固定资产所支付的租赁费、以分期付款方式购建固定资产以后各期支付的现金等。

（4）“汇率变动对现金及现金等价物的影响”项目，反映下列项目的差额。

①企业外币现金流量及境外子公司的现金流量折算为记账本位币时，所采用的现金流量发生日的即期汇率或按照系统合理的方法确定的、与现金流量发生日即期汇率近似的汇率折算的金额。

②“现金及现金等价物净增加额”中外币现金净增加额按期末汇率折算的金额。

3. 编制现金流量表

根据表1－9和表1－12中A公司财务报表资料，编制现金流量表，见表1－14。

表1－14 **现金流量表** 会企03表

编制单位：A公司 ____年____月 单位：元

项　　目	本期金额	上期金额（略）
一、经营活动产生的现金流量：		
销售商品、提供劳务收到的现金	1 342 500	
收到的税费返还		
收到其他与经营活动有关的现金		
经营活动现金流入小计	1 342 500	
购买商品、接受劳务支付的现金	392 266	
支付给职工以及为职工支付的现金	300 000	
支付的各项税费	199 089	
支付其他与经营活动有关的现金	70 000	
经营活动现金流出小计	961 355	
经营活动产生的现金流量净额	381 145	
二、投资活动产生的现金流量：		
收回投资收到的现金	16 500	
取得投资收益收到的现金	30 000	
处置固定资产、无形资产和其他长期资产收回的现金净额	300 300	
处置子公司及其他营业单位收到的现金净额		
收到其他与投资活动有关的现金		
投资活动现金流入小计	346 800	
购建固定资产、无形资产和其他长期资产支付的现金	451 000	

续表

项　　目	本期金额	上期金额（略）
投资支付的现金		
取得子公司及其他营业单位支付的现金净额		
支付其他与投资活动有关的现金		
投资活动现金流出小计	451 000	
投资活动产生的现金流量净额	-104 200	
三、筹资活动产生的现金流量：		
吸收投资收到的现金		
取得借款收到的现金	400 000	
收到其他与筹资活动有关的现金		
筹资活动现金流入小计	400 000	
偿还债务支付的现金	1 250 000	
分配股利、利润或偿付利息支付的现金	12 500	
支付其他与筹资活动有关的现金		
筹资活动现金流出小计	1 262 500	
筹资活动产生的现金流量净额	-862 500	
四、汇率变动对现金及现金等价物的影响		
五、现金及现金等价物净增加额	-585 555	
加：期初现金及现金等价物余额		
六、期末现金及现金等价物余额	-585 555	

1.13 财务报表的局限性

财务报表是提供企业生产经营管理信息的主要渠道，在企业诸多报表中具有极为重要的地位，它对于企业加强经营管理、促进技术进步、开拓市场、提高经济效益均有不可忽视的作用。但是财务报表与其他报表一样，其自身不能够全面、详尽地反映企业全部的经济业务活动的所有方面，不可能满足经济信息使用者的各种复杂需要。

因此，经营者必须注意到财务报表存在的不足，在利用财务报表进行分析预测时尽量减少或避免其带来的不利影响。一般而言，财务报表的局限性主要表现为：

（1）财务报表是以货币为单位综合反映企业生产经营管理活动的，“货币计量”是会计核算的前提之一，并且以货币单位计量有许多优点，它能够比较准确和有效地将企业经营活动统一地表现为资金运动，能够比较全面地反映企业的财务状况和经营成果，且具有可比性、可累计性和可综合性，这是其他计量单位（如实物单位、劳动单位等）所不能比拟的。但是对于企业无法以货币单位反映的经济活动方面，如企业管理人员素质、能力，企业职工的业务水平，企业在市场中的地位及其在消费者中的影响力，企业机器设备的性能、生产能力，企业拥有的资源，占有的市场份额等等，这些对于企业生产经营活动、财务状况以及经营成果的形成和变动具有重要意义，而财务报表由于自身的性质和特点，决定了其无法给予必要的披露和反映。

（2）财务报表是会计核算的最终产品，并不能显示企业经济活动的全部，更不能完全依靠其进行预测和决策。会计核算的基本程序是：根据经济业务活动的内容填制会计凭证，根据凭证登记账簿，根据账簿编制报表。也就是说财务报表是根据已经发生的业务活动即既存的客观事实编制的，它不能对未发生的经济活动进行记录和反映，即财务报表是对经济活动的事后反映，不能进行事前和事中的预测和控制。

但会计信息的使用者，不仅要了解过去发生的和现在的经济活动及其结果，有时也需要对企业经济活动的未来状况做出把握，对未来的生产经营、投资管理等做出判断和决策，而财务报表提供的历史资料只能作为一种前车之鉴的参考。因此在运用财务报表时应当注意，既要对报表主体内容进行检查，保证报表的正确无误；同时也要注意运用报表的附注内容或其他报表的项目，延伸反映企业经济活动可能的发展趋势和可能出现的诸多结果。

（3）财务报表提供的经济信息是经过加工和浓缩的资料，是经过一定的摘要和简化程序后的结果，这种加工和浓缩是报表编制的基本规律的要求，反映了报表使用者对经济信息的一般要求，体现了财务报表与会计账簿之间的分工。但是正是这种分工使财务报表不能够提供有关企业生产经营的详细核算资料，不能满足报表使用者对经济信息的具体要求和对企业生产经营管理资料的深入掘取的需要；而财务报表所提供的总括性的信息资料，如果没有具体资料给予解释和说明，有时会给经济信息的使用者带来不必要的麻烦，甚至造成误解。因此经营者在对报表进行检查时，不仅要对报表本身的形式和内容进行检查核对，还需对支撑报表的有关数据资料进行检查核对，一方面保证报表的质量，满足报表检查的需要；另一方面还应当适时收集和整理更为详细的经济核算资料，为不同层次、不同角度的信息使用者提供服务。

（4）财务报表所列示的数据遵循了历史成本原则，这样做有其合理、方便的优点，但也带来了其不可避免的局限。遵循历史成本原则，即对一切经济业务都以业务交易价格作为核算依据，一般不对此做出调整，这种记账原则符合会计的规定，也是国际上通行的做法。其优点是成本比较客观，而且易于取得，可借以进行检查核对。

但是，它是一种以不变应万变的方法，在市场经济的条件下，市场的价格处于持续变动之中，有时变动是十分剧烈的，而历史成本法对此不予反映和处理，仍以不反映现行价格的旧价值进行核算，使由此计算出来的成本、利润与现有的市场供求和企业经营成果发生背离或部分背离；如物价大幅上扬后，资产的价值将被低估，其原始成本可能出现大幅度低于其重置成本，而其转入成本费用部分将较实际价值小；而物价大幅下降时，资产价值将与上述情况呈反向运动；这时的财务报表显然不能真实反映客观事实。

（5）财务报表所提供的经济信息具有相对合理性和准确性，不能希望财务报表所有数据都是非常精确的，因为在会计核算过程中，有许多会计处理采用了估计或判断、简化或快捷的方法，如对折旧的提取、有关费用的摊销等，一般同一事项都有两种以上的公允处理方法，这类处理方法及其估计判断的结果是否正确，并无绝对正确的“标准答案”，常常因时、因地、因人而异，因此其中存在一定偏差是不可避免的，由此编制的财务报表只能提供近似的、具有相对准确性的财务资料，而无法提供绝对准确的资料数据。经营者既要认识到这种近似是财务报表本身的局限，也要注意这种近似的合理范围，反对以此作理由并将其夸大，进行违法乱纪活动，以适时提醒报表使用者对财务报表数据保留一定的、合理的怀疑，在使用报表的数据资料时做出相对的、灵活的解释，以避免对此产生曲解而造成决策失误和损失。

（6）财务报表不能准确反映报表使用日企业的情况。企业的财务报表从编制到正式公布之间一般有一段时间间隔，而报表的公布与报 1 表使用者使用报表之间又存在一段时间间隔，而在这两段时间间隔中，企业的生产经营活动可能又有新的进展，其财务状况和经营成果可能发生某些变化，某些或有事项可能已转化为可知的现实。这些变化有时会影响财务报表使用者的决策，因此经济信息使用者要注意上述两个时间段中企业可能发生的事项，这些事项被称为期后事项。期后事项发生于会计期间之外，显然不可能在财务报表中完全反映，只有那些可预计的期后事项在财务报表附注中才给予披露。期后事项可分为两类：一类是对前期财务报表有直接影响并需要调整的事项；另一类是对前期财务报表没有直接影响，但对后期财务报表有直接影响，需在财务报表附注中给予揭示的事项。

第2章 中小企业财务管理的“三大支柱”

2.1 中小企业资金管理中存在的问题

目前，大部分大型企业、部分上市公司的资金管理有一些成功的经验，资金的融通渠道和管理运用尚好，但大部分中小企业资金管理存在问题，目前中小企业资金管理存在的主要问题：

（1）中小企业的财务管理人员素质技能低下造成信息失真，无法为企业的管理决策提供依据。现代企业管理的核心是信息管理，企业必须掌握真实准确的信息来控制物流、资金流等。然而，目前我国相当多的中小企业存在信息不准现象，严重影响企业管理层的决策。

（2）中小企业的管理层素质技能不高，对中小企业的监控不力，缺乏对资金运用的严格控制。公司管理层对各项资金运用环节普遍存在着监控不力甚至内部人为不遵守财务制度的现象，虽然大部分中小企业都制定了财务制度、设置了专职监管人员，但往往违反制度的首先是企业的管理层，使得企业的监管人员形同虚设、无法有效地发挥作用。

（3）由于中小企业的管理层和财务管理人员素质技能低下造成资金散乱，使用效率低下。主要表现在：

①多头开户，资金严重失控。

②投资决策随意性大，盲目投资，失误多、损失大。

③大量资金沉淀严重、库存比例过高、外欠账居高不下，资金周转速度慢、周转不灵。

2.2 解决中小企业资金管理的办法

针对中小企业资金管理中存在的问题，为了提高资金周转速度和资金的使用效益，节约资金成本，中小企业要搞好资金管理，企业的管理层和财务管理人员，甚至全体员工都要努力提高自己的素质技能，特别是财务管理人员的素质技能，努力提高管理水平，每个人都要从劳动者整体利益出发，尽职尽责，做好本职工作。

维护劳动者的利益，就是维护自己的利益；企业的管理层要带头遵守企业的财务管理制度，科学决策、减少失误。

1. 中小企业如何做好资金管理工作

（1）核定资金的合理需要量。企业应以需要与节约兼顾为基本原则，采用先进合理的计算方法，确定资金的合理需要量。资金合理需要量，可以通过现金预算的编制来实现。现金预算的内容，包括现金收入、现金支出、现金多余或不足的计算以及不足部分的筹措方案和多余部分的利用方案等。

（2）确定筹资方案。资金需要量确定后，就要确定如何来筹集所需资金，确定筹资方案。我国目前是社会主义初级阶段的市场经济体制，中小企业大多是非国营经济，企业自主经营、自负盈亏，难免出现资金困难，资金不足的现象，可通过下列途径解决：一方面从企业内部看，企业销售时尽量采用现金销售或采用订单先收款后发货方式，实在需要赊账的尽量缩短账期、及时催收账款；减少库存，尽快处理积压物资，及时处理闲置、过时、未使用的固定资产；或者通过企业内部职工借款；另一方面从企业外部筹集资金。

（3）合理运用资金。这是资金管理中最富实质性和创造性的内容。节约成本就是增加收益。合理运用资金就是以最低的成本创造最大的效益。

2. 中小企业做好资金管理工作还需注意的内容

（1）加强对现金流量分析，严格控制现金流入和流出，保证支付能力和和偿债能力，树立“钱到哪里，管理就紧跟哪里”的观念，将现金流量管理贯穿于企业管理的各个环节，高度重视企业的支付风险和资产流动性风险。严把现金的出入关口，对经营活动、投资活动和筹资活动产生的现金流量进行严格管理。

（2）推行全面预算管理，严格控制事前、事中资金支出，保证资金的有序流动。预算编制采取逐级编报、逐级审批、滚动管理的办法，预算一经确定，即成为企业内部组织生产经营活动的法定依据，不得随意更改。

（3）加强内部审计，健全内部审计监督制度，强调内部审计与监督不仅仅是对财务会计信息的和经营业绩真实性与合法性的结果性审计与监督，而且更重要的是对企业规章制度和重大经营决策贯彻执行情况的过程性审计与监督，将更多的精力放在管理审计中去，强化事前预防和事中控制，保证企业各项经营活动都在有序地进行。

（4）加强资金支付审批制度的管理，避免权利过分集中。企业应根据业务范围和金额大小，分批确定资金审批人员。

2.3 企业现金管理主要管什么

在财务管理中，现金不等同于通常所说的现款，我们把在企业内以货币形式存在的资金统称为现金。也就是那些随时能变现的“钱”，包括库存现金、银行存款、银行本票、银行汇票等等。

相对而言，现金是变现能力最强的资产。持有现金是企业实力的象征，是企业较强偿债能力和高商誉的表现，但并不是企业拥有的现金越多越好，企业持有量现金会导致资金闲置，不能使企业资金发挥最大的使用效力。并且从一定意义上讲，现金是出于两次周转之间的间歇资金。现金管理不严，会使企业资金周转延缓，直接影响企业整个流动资金的正常周转并进一步影响生产经营活动的正常进行。此外，对于任何一个企业的 CFO 来讲，如何做到现金既不缺乏也不过剩，管好自己的金库并且有效地防止现金滥用和流失都是一件十分重要的事情。

现金管理的内容主要包括如下几个方面：

1. 最佳现金持有量的确定

所谓最佳现金持有量只是相对而言，可能采用不同的方法、从不同的角度测算其结果是有差别的。从理论上讲最佳现金持有量，是指能使企业在现金存量上花费的代价最低，即机会成本最小，而且有相对能确保企业对现金需求的最佳持有量。

2. 现金预算的编制

定期编制现金预算，合理安排现金收支，及时反映企业现金的盈缺情况，是现金管理内容的又一重要组成部分。现金预算的编制在整个现金管理中具有龙头作用，对企业整个财务管理也有根本性的意义，是企业现金管理的方向。

3. 建立健全的现金收支管理制度

要是现金预算安排顺利完成，必须建立必要的管理制度，加强现金的日常控制，做好库存现金的日常管理、加强银行存款的管理和做好各种转账结算工作，遵循国家规定的现金使用范围的库存限额，并且要实施适当的内部控制制度。如现金收支职责的分工和内部牵制等。

此外还要建立先进管理信息的反馈系统，一旦发现企业资金运转不灵，或现金流出流入情况变化，即现金持有量低于企业最低限量，应能及时使 CFO 得知信息，以便能尽快采取措施，保证企业生产经营的正常进行。

4. 现金管理手段的科学化

要提高现金管理水平，应对现金管理实际的使用情况实际定期考核与事后分析。现金考核的指标很多，不同的企业可以根据其实际需要来制定。现金考核可以用绝对数指标也可用相对数指标，要视具体考核内容而定。如现金收入量的考核、现金预算完成情况的考核、最合理现金存量持有情况的考核等。

考核现金利用情况的一个重要指标是现金周转率，其基本计算公式如下：

现金周转率＝收到现金销售收入/现金平均余额

公式中分子是指企业销售收入中在本期实际收到的现金的部分。“现金平均余额”指企业现金的期初余额与期末余额的平均数。因为分子的现金销售收入是一定时期内发生的，所以分母不能用某一特定时点的现金余额与此相比，也应运用平均值。

一般而言，现金周转率（次数）越大越好，说明现金流转快，现金利用率高，收回的现金没有被长期闲置，而又投入企业经营之中。

企业可以根据现金管理目标，事先估计出全年或一定时期内的现金流入量，除以企业确定的最合理现金持有量额平均值，便能了解本期现金利用水平。当然，也可与上期或同行进行比较分析。

从企业对营运资金的管理来看，提高现金周转率有重要的意义，因为它体现了现金利用效率和企业现金收入的实际水平。因为提高周转率要从降低现金平均持有量和增加入库现金的销售收入两个方面入手，两者相辅相成：平均现金持有量下降，而又不影响那个当期现金使用量，只有依赖增加销售收入来完成；而要扩大销售收入，又必然要大量现金支出，压缩库存现金。所以现金周转率指标的考核分析特别重要，不但要看好与计划的差异，还要注意对不同时期销售收入总量变化、资金平均持有变化作出分析，才能真正了解和掌握现金周转率变化的真正原因。

2.4 中小企业持有现金的三大动机

现金不能生息，持有现金不能为企业提供收益，因为从理论上讲，企业不应持有现金，但实际上，任何一个企业都不会这样做，他们总是要保持一定量的现金。究其原因，企业持有现金是由它的交易动机、预防动机和投机动机所决定的。

1. 交易动机

交易动机亦称支付动机，是指企业必须持有一定的现金以满足生产经营过程中的支付需要。企业的生产经营活动是连续不断的，在这一过程中，偿还债务、购买材料、发放工资、支付杂项费用等各种各样的支付需要每天都会大量不断发生。虽然企业也在不断地通过销售、收回应收账款等行为而产生一些现金的收入，但是这种收入与需要的现金支出并不能保持同步，于是，储备一定量的现金以便满足不断发生的支付需要就是必要的。否则的话，必要的交易无法完成，企业的正常生产经营活动也较难以继续。此外，在有些企业里，其销售活动中可能需要一定量的现金用于找零，这也是持有现金的一个原因。

为了交易的需要而持有足够的现金，还能得到的好处是：第一，较多的现金储备可以提高企业的流动性和偿债能力，维持企业较高的信誉，从而使企业能够很容易地从供应者那里获得商品供应；第二，较多的现金余额可以使企业充分利用供应者提供的现金折扣，从而降低购货成本和降低财务费用。例如，面对“2/10，n/30”的现金折扣优惠政策，如果在 10 天内付款，则可获得高达 37% 的好处。

企业处于交易动机而持有的现金额通常被称为交易性现金余额。交易性现金余额的数量主要取决于企业的生产经营规模，一般而言应与营销规模成正比例的变动。此外，企业生产经营的性质（如制造业或零售业）、特点（如是否有季节性）等也会影响到企业所持有的交易型现金余额的大小。

2. 预防动机

有时候，企业持有一定的现金以便应付发生意外事件所产生的现金需要，这种动机称之为预防动机。现代企业的经济环境和经济活动日趋复杂，因而企业未来的交易性现金需要并不总是确定的；再加上有可能出现的各种自然灾害，都有可能使未来的现金需要发生异常变动。因此，为了满足未来发生意外事件的现金支付需要，也为了保证企业未来的生产经营活动得以进行下去，企业应该考虑保持一定的现金储备，也就是说，应该持有一个较之正常交易所需要的现金量更大一些的现金余额。

企业为预防动机而持有的现金额被称为预防性现金余额。预防性现金余额的数量取决于企业生产经营的稳定性和企业对未来所做的现金预防的准确性，一般而言，企业生产经营比较稳定，现金预测相对比较准确，预防性现金余额可以相对较小；反之，则应保持较大的预防性现金余额。此外，企业临时性融通短期资金的能力、管理当局愿意承担的风险程度、未来自然灾害及其他某种变故发生的可能性都是影响预防性现金余额大小的重要因素。

3. 投机动机

投机动机是指企业持有一定资金以备满足某种投机行为的资金满足。一般而言，这里所讲的投机行为主要是指在证券市场发生剧烈动荡时企业以手头上所拥有的现金投资于有价证券以便赚取丰厚的投资收益。此外，商品市场上发生某种巨大的波动致使企业购置某种材料商品以赚取巨大收益属于投资行为。

企业为投机目的而储备的现金额可以称之为投机性现金余额。不过，对于绝大多数企业来说，储备投机性余额而计划在未来从事某种投机行为的现象很少发生的，因为人们往往很难预料到未来是否会存在发生投机行为的可能性。相应地，投机性现金余额的预计也几乎是不可能的。一般情况下，企业都不会专门为投机性需要而安排现金余额。

此外，如果银行规定企业必须履行补偿性要求的话，企业的存款账户中业必须维持一个最低存款额。

2.5 如何确定中小企业最佳现金持有量

现金的管理除了做好日常收支控制，加速现金流转速度外，还要控制好现金持有规模，即确定最佳现金持有量。一般使用以下方法确定最佳现金持有量：

1. 最佳现金持有量的存货模式

确定最佳现金持有量的存货模式来源于存货的经济定货批量模型，是通过分析持有现金的成本，寻找使持有成本最低的现金持有量。

企业持有现金，将会有三种成本：机会成本、现金转换成本和管理成本。

（1）机会成本。现金作为企业的一项资金占用是有代价的，这种代价就是它的机会成本，通常为有价证券的利息率。现金持有额越大，机会成本越高，它与现金余额成正比例变化。企业为了经营业务，需要拥有一定的现金，付出相应的机会成本代价是必要的，但现金拥有量过多，机会成本代价大幅度上升，就不合算了。

（2）现金转换成本。即现金与有价证券转换的固定成本，如经纪人费用、税费等，这种成本只与交易的次数有关，而与持有现金的金额无关。

（3）管理成本。企业拥有现金会发生管理费用，如管理人员工资、安全措施费等。这些费用是现金的管理成本。管理成本是一种固定成本，与现金持有量之间无明显的比例关系。

上述三项成本之和最小的现金持有量，就是最佳现金持有量，参见图 2－1。

假设：TC——总成本；

b——现金与有价证券的转换成本；

T——特定时间内的现金需求总额；

N——最佳现金数量；

i——短期有价证券利息率；

M——管理成本。

则：$$TC = N/2 \times i + T/N \times b + M$$

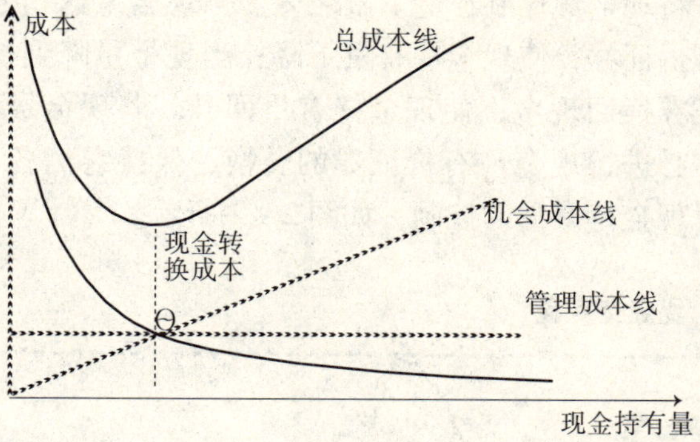

图 2－1

TC 是一条凹形曲线，可用求极值的方法求出 TC 的最小值，TC 最小值所对应的 N 值就是现金最佳持有量。

求得：$$N = \sqrt{2Tb/i}$$

例 XYZ 公司预计全年需要现金 375 000 元，现金与有价证券的转换成本为每次 100 元，有价证券利息率为 3%，管理成本为 20 000 元。试确定该公司最佳现金持有量。

公司最佳现金持有量：

$$N = \sqrt{2Tb/i}$$

$$= \sqrt{2 \times 375\ 000 \times 100 \div 3\%}$$

$$= 50\ 000\ (元)$$

由以上计算可知，最佳现金持有量为 50 000 元，也就意味着现金与有价证券的转换次数为 7.5 次(375 000/50 000)。另外，固定的管理成本对现金的持有量没有影响。

2. 米勒－奥模型

默顿·米勒（Merton Miller）和丹尼尔·奥（Denial Orr）认为公司现金流入和流出中总是存在着不确定性，在确定公司的现金目标持有量时，必须充分考虑这种不确定因素。他们假设公司每日净现金流动分布几乎是正态的，每日的净现金流可以看作是正态分布的期望值，或者是在正态分布的最高值和最低值之间随机波动。这是一种在现金需求量难以预知的情况下进行现金持有量控制的方法。对企业来讲，往往是现金需求量波动大且难以预知，但企业可以根据历史经验和现实需求，测算出一个现金持有量的控制范围，即制定出现金持有量的上限和下限，将现金量控制在上下限之内。当现金量达到控制上限时，用现金购入有价证券，使现金持有量下降；当现金量降到控制下限时，则抛售有价证券换回现金，使现金持有量回升。若现金量在控制上下限之间，便不必进行现金与有价证券的转换，保持它们各自的现金持有量。这种对现金持有量的控制，如图 2 - 2 所示。

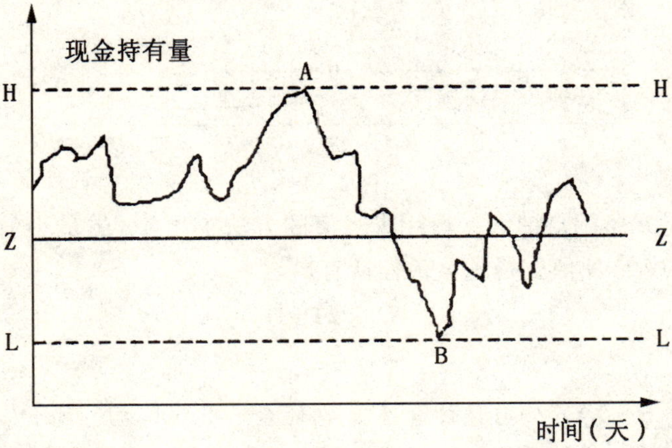

图 2 - 2

图 2 - 2 中，该模型建立了现金流动的最高控制界限和最低控制界限，即虚线 H 为现金持有量的上限，虚线 L 为现金持有量的下限，实线 Z 为最优现金返回线。从图中可以看到，企业的现金持有量（表现为每日现金余额）是随机波动的，当其达到 A 点时，即达到了现金控制的上限，企业应用部分现金（A - Z）购买有价证券，使现金量回流到现金返回线（Z 线）的水平；当现金存量下降到 B 点时，即达到了现金控制的下限，企业则应转让有价证券（Z - L）换回现金，使其存量回升至现金返回线的水平。现金存量在上下限之间的波动属控制范围内的变化是合理的，不予理会。以上关系中的上限 H、下限 L 和现金返回线 Z 可以按下列公式计算：

$$Z = \sqrt[3]{3b\delta^2/4i} + L$$

$$H = 3Z - 2L$$

式中：Z——目标现金持有量；

b——每次有价证券与现金的交易成本，为固定转换成本；

i——持有现金按日计算的机会成本，通常为有价证券的日利息率；

δ^2——每日现金余额变化的方差。

而下限 L 的确定，则要受到企业每日的最低现金需要、管理人员的风险承受倾向等因素的影响。

例 假定 XYZ 公司采用米勒－奥模型对现金持有量进行控制。有价证券的年利息率为 9%，每次固定转换成本 100 元。根据以往经验，公司在任何时候其银行活期存款及现金余额都不能少于 10 000 元，又根据以往经验测算出现金余额波动的标准差为 4 500 元。试根据上述资料计算H、Z，以便对现金进行控制。

根据上述资料可知：

i（有价证券日利息率）＝9%÷360＝0.025%

$$Z = \sqrt[3]{3b\delta^2/4i} + L$$
$$= \sqrt[3]{3 \times 100 \times 4\,500^2 / (4 \times 0.025\%)} + 10\,000$$
$$= 13\,931 \text{（元）}$$

$$H = 3Z - 2L = 3 \times 13\,931 - 2 \times 10\,000 = 21\,793 \text{（元）}$$

这样，当公司的现金余额达到 21 793 元时，即应以 7 862 元（21 793－13 931）的现金去购买有价证券，使现金持有量回落为 13 931 元；当公司的现金余额将至 10 000 元时，则应转让 3 931 元（13 931－10 000）的有价证券，使现金持有量回升为 13 931 元，如图2－3所示。

米勒－奥模型被西方许多公司试验过，根据这种模型进行现金管理比经验管理的效果要好。

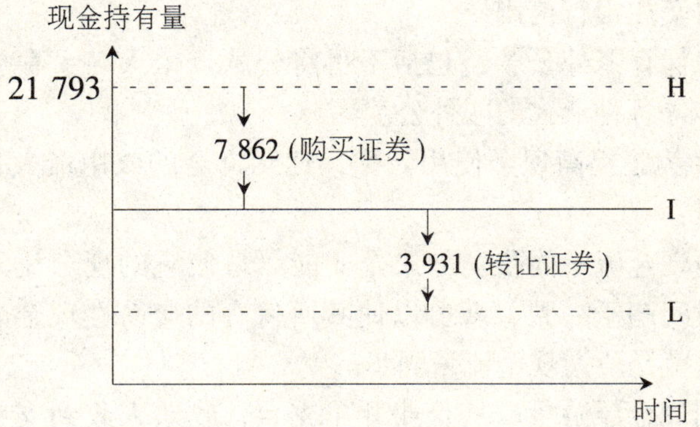

图 2－3

2.6 中小企业怎样做好现金管理

（1）按照现行制度规定，国家有关部门对企业使用现金有如下规定：

①现金的使用范围。这里的现金，是指人民币现钞，即企业用现钞从事交易，只能在一定范围内进行。该范围包括：支付职工工资、津贴；支付个人劳务报酬；根据国家规定颁发给个人的科学技术、文艺技术、体育等各种奖金；支付各种劳保、福利费用以及国家规定的对个人的其他支出；向个人收购农副产品和其他物资的价款；出差人员必须随身携带的差旅费；结算起点（1 000 元）以下的零星支出；中国人民银行确定需要支付的其他支出。

②规定了库存现金余额。企业库存现钞，由其开户银行根据企业的实际需要核定限额。一般以 3 ~5 天的零星开支额为限。

③不得坐支现金。即企业不得从本单位的人民币现钞收入中直接支付交易款。现钞收入应于当日终了时送存开户银行。

④不得出租、出借银行账户。

⑤不得签发空头支票和远期支票。

⑥不得套用银行信用。

⑦不得保存账外公款，包括不得将公款以个人名义存入银行和保存账外现钞等各种形式的账外公款。

（2）而为了提高现金使用效率，达到资金的效用最大化，应当做好以下几点：

①力争现金流量同步。如果企业能尽量使它的现金流入与现金流出发生的时间趋于一致，就可以使其所持有的交易性现金余额降到最低水平。这就是所谓现金流量同步。

②使用现金浮游量。从企业开出支票，收票人收到支票并存入银行，至银行将款项划出企业账户，中间需要一段时间。现金在这段时间的占用称为现金浮游量。在这段时间里，尽管企业开出了支票，却仍可动用在活期存款账户上的这笔资金。不过，在使用现金浮游量时，一定要控制好使用时间，否则会发生银行存款透支。

③加速收款。这主要指缩短应收账款的时间。发生应收账款会增加企业资金的占用，但它又是必要的，因为它可以扩大销售规模，增加销售收入。问题在于如何既利用应收吸引顾客，又缩短收款时间。这要在两者之间找到适当的平衡点，并需要实施妥善的收账策略。

④推迟应付款的支付。推迟应付款的支付，是指企业在不影响自己已有信誉的前提下，尽可能地推迟应付款的支付期，充分运用供货方所提供的信用优惠。如遇企业急需现金，甚至可以放弃供货方的折扣和优惠，在信用期的最后一天支付款项。当然，这要权衡折扣优惠与急需现金之间的利弊得失而定。

2.7 中小企业怎样做好健全的现金控制制度

1. 做好“职务分离”的内部控制制度

最初企业采用保护现金的办法是，检查一个或几个月的现金收支业务及这些业务的记录凭证；复核或重新编制在某天或某一段时间内的银行调节表等。在内部控制制度较为薄弱时，采取这些措施是必要的。然而这些工作耗费了企业管理人员或审计人员的大量时间和精力。因而，企业的管理当局和审计人员认识到，只有通过建立严密的现金业务内部控制制度，才能达到控制现金更有效的目的。上述详细地审查现金业务及其凭证的做法，只有在管理人员或审计人员怀疑现金业务中有错误的记录或舞弊的行为，但又无其他合适的办法来找到足够的证据时才采用。

现金业务内部控制制度的基本要求是将经营现金收付业务的人和记录这些业务的人分离开来，即要求有不同职责来分别担任这些职务。

（1）现金实物的收付及保管只能由经被授权批准的出纳员来负责处理，其它职员不得接触收付的任何现金。

（2）规模较大的企业。出纳员应将每天收到和支出的现金数登记现金出纳备查簿。现金日记账及现金总分类账户应由其它职员来编制或登记。规模较小的企业，可用现金日记账代替现金出纳备查簿，由出纳的登记，但现金总分类账的编制或登记必须由其它职员担任。

（3）负责应收款的职员不能同时负责现金收入账的工作；负责应付款的职员不能同时负责现金支出账的工作。

（4）保管支票簿的职员不能同时负责现金支用账和调整银行存款账。

（5）负责调整银行存款账的职员应同负责银行存款账、现金支出账、应收账款、应付账款的职员分离。

（6）现金支出的审批人员应同出纳员、支票保管员和记账员分离。

2. 做好现金收入的内部控制

（1）现金收入控制。

对销售或营业业务中的现钞收入，如果企业配有现金收银机，售货员或营业员应鼓励顾客索取收银机上打出的收据。应让顾客明白这不仅是企业内部控制的需要，也是为了他们的利益，取得顾客的合作。每天营业结束后，售货员或营业员应在专门人员监督下将当天销货营业额中应有的现金收入总额同现金收银机自动记录的累计数相核对，并填制收款单，连同现金收银机上自动打印的纸带交记账员登记现金日记账。如果发现现金收入数同现金收银记录的累计数不一致，应对这一差异进行调查。

如果企业无现金收银机，或某些经营业务不适合用现金收银机，现钞的收入业务就必须由两个以上的职员来处理，收款的职员不能同时担任开票业务。收款员在收款时，应仔细核对开票员开给顾客的销货或营业收据同交来的现金是否一致。各种收据必须在事先按序编号，每天营业结束后。记账员应清点开票员当天开出的所有收据并根据合计数登记现金日记账。如记账员发现有缺号收据的问题，应向财务经理报告，并着手进行调查。

（2）汇款单收入控制。

企业在制订一种对顾客邮寄来的汇款单控制程序时应明确：任何顾客寄来的汇款单应由专门的职员来拆款。这位职员应逐日根据收到的汇款单，将顾客的姓名和汇款金额记入邮寄汇款单登记簿中，然后将收到的汇票盖上“只限存款用”戳记后交给现金出纳员，并通知记账员，由记账员调出相应的销货单据，核对后记入现金日记账中。

（3）支票收入控制。

支票收入必须由两个以上的职员来处理。由一位职员开出发票，另一位职员收入支票，后者应核对发票和支票金额是否相一致。收入支票的职员应对收入支票及时加盖“只限存款用”戳记，并交银行出纳员暂时保管及由专人解交银行。同时，开票员应将发票存根交记账员，由其记入银行日记账。

所有销货发票和收款单位预先连续编号，并应按编号次序予以记录，当日所有的现金收入应及时存入银行，办理银行解款的业务必须由独立的职员来负责进行，出纳员应将当天收入的现钞和支票按银行解款单的填制数，如数交给银行解款员。记账员在校对当天现金日记账和出纳员填制的银行解款单金额后，在银行解款单上签名，并将该单交银行解款员。

因经营需要而不必当日存入银行的现金收入，应得到财务经理的签字批准，但其金额不能为数很大。如有当天不解入银行的现金，必须单独列表，注意金额和未解入银行理由，以便于日后同银行存款账、其他应收款账相核对，控制未解交银行的现金。

近几年来，西方国家许多公司在控制现金收入时，广泛地采用了银行存款箱制度，即由公司的开户银行为公司设立专门的邮政信箱，客户的汇款应直接寄入该邮政信箱而不寄给公司的会计部门。银行每日数次派员开启该邮政信箱，并将各项汇款记入公司的存款账户，同时向公司提供汇款通知书和存款存根，或其他的顾客函件。公司根据汇款通知书等凭证核对现金收入账、银行存款账和有关的应收款账。由于这一制度可避免公司全体职员去接触收入的现金并加速现金的存解，从而强化了公司内部控制制度。

3. 做好现金支出的内部控制

（1）现金支出。

企业的各种支出应尽可能用支票来支付，以避免有更多人接触现金。对一些必须用现金支付的开支项目应严格审定。现金支付的项目主要是企业的零星开支和薪金支出。

企业各部门的零星开支，如需预支现金，必须首先由各部门填制现金暂借款单说明预支理由，并经本部门主管审定签字。财务经理或经其授权的人，应对预支部门主管签字同意的现金暂借款单的理由进行审核，根据国家现金管理条件和本企业对现金支付的规定，决定是否同意有关人员的预支现金。出纳员得到财务经理或其授权的人签字同意的现金暂借款单，才可出借现金，记账员应根据出纳签章的暂借款单登记日记账。

零星开支的现金报销者，必须填制现金报销单，附上所有原始凭证，交使用现金者的部门主管审核签字。财务经理或其授权的人的控制责任是审定这种签字是否有效。他们有权最终确定是否支付现金。而出纳只能根据这一决定来执行其业务活动。薪水的现金支出，一般先由企业的人事劳资部门编制薪水支付单，财务部门应根据人事劳资部门主管签字同意的薪水支付单来提取和发放现金。薪水领取签收单据应给记账员记账。

现金支出的内部控制最好的办法是建立定额备用金制度。定额备用金制度的基本要求：

①确定公司应建立哪些定额备用金，例如，确定差旅费备用金、工资备用金等等。

②确定每笔备用金的金额。备用金多少应根据公司的特定情况来决定。通常情况下，除工资备用金外，其他备用金的金额不能过大。决定后，它就是一笔固定的金额。任何超过该备用金定额的现金支出，应得到特定的事先审批，并在一般现金中支付，而不在备用金中支付。

③确定备用金的保管人。各备用金的保管人不能同时负责其他备用金、现金收入和支出的审批，以及该项备用金的补足和支付记录。

④备用金的使用必须有发票等原始凭证来证实该笔支出。发票应由备用金使用者的审核人的签字。在某些情况下，备用金的支付必须得到事先批准。

⑤内部审查人员、其他独立的职员应不定期地清点备用金。备用金的余额和已支付凭证的合计数应与备用金的固定金额相等。

⑥当备用金余额在规定数以下时，备用金保管人可将已支付凭证交会计部门。会计部门批准后，交出纳部门按定额补足该备用金。作为补足备用金的付款凭证，应予注销，不能还到备用金保管人处。

⑦各备用金的余额应定期与控制该备用金的总账余额相核对。

备用金的控制也可替备用金使用人在银行开设备用金专户。采用这种形式的工作原理与上述的现金定额备用金制度基本相同。这时，企业应书面告知银行。该专户存款时只能以企业开出的补足备用金支票为依据。取款时只能由企业指定的备用金使用者才能提取。防止经常性的现金收入流入该账户和非备用金使用者提取该现金。

（2）支票支出。

支票支出的内部控制制度，应当具有下列各点：

①所有支票必须预先连续编号，空白支票应存放在安全处，严格控制，妥善保存。应注意，具有权力签署支票者不能保管空白支票。

②每项支票支出，都必须经过事实上的支票签署者的审批并签发。支票签署者通常需要得到董事会的投票同意。在某些情况下，可采用支票会签制度。但应当注意，采用这种制度的前提是，每个签署者必须独立审核支票及其附属凭证，否则这种会签有更大的风险。因为每个签署者可能会认为其他签署者会审核原始凭证和支票而草率签字，结果可能每个签署者均没有认真审核原始凭证和支票。具有资格签署支票者，不能同时填写支票、编制付款凭证。这种职务上分离有助于保证已签发的支票只能用于某项被批准的应付款项上和保证该签发的支票被记录在银行存款日记账上。已签署的支票应由支票签署人保管，直至支票由签署者或其授权的其他职员寄出或递交给受票人为止，绝

对不可再退交给编制支票的职员保管。支票签署者应受到熟悉业务的其他职员定期的检查，以确定他们是否签署不适当的支票和他们的职责是否有不符合内部控制制度之处。

③每项支票支出，都必须有经核准的发票或其他必要的凭证作为书面证据。在支票上应明确地写明受款人和金额，并应与相应的应付凭证进行核对。无受款人和金额的支票是相当危险的，应当禁止。已经作为签署支票书面证据的有关凭证，应于签署支票后，加盖“已付讫”戳记，以防它们被用来作为重复付款的凭证。

④任何有文字或数字更改的支票应予作废。作废的支票必须加盖“作废”戳记，防止被再使用。应和其他支票存放在一起，按顺序号加以留存。

⑤所有已经签发的支票，应于当日及时记入银行存款日记账中，并应定期与应付款或其他总分类账借方进行核对。

2.8 如何分清现金的来龙去脉
——现金流量分析

1. 现金流量分析的意义

近代理财学的一个重要观点是：资产的内在价值是其未来现金流量的现值。但是，传统会计不提供历史的现金流量信息，更不提供未来的现金流量信息，越来越不能满足投资人的信息需要。为改变这种局面，从 1987 年开始，美国率先规定现金流量表为必须编制的报表，此后其他国家纷纷效仿。1994 年国际会计准则的《现金流量表准则》生效。1998 年我国的《企业会计准则——现金流量表》生效。

现金流量表的主要作用是：

（1）提供本期现金流量的实际数据。

（2）提供评价本期收益质量的信息。

（3）有助于评价企业的财务弹性。

（4）有助于评价企业的流动性。

（5）用于预测企业的未来现金流量。

现金流量分析，是在现金流量表出现以后发展起来的，其方法体系并不完善，一致性也不充分。现金流量分析不仅依靠现金流量表，还要结合资产负债表和利润表。

2. 现金流量的结构分析

现金流量的结构分析包括流入结构、流出结构和流入流出比分析。

例

丰华公司现金流量结构分析如表 2－1 所示。

表 2－1　　**丰华公司现金流量结构分析**　　单位：万元

项　　目	流入	流出	净流量	内部结构	流入结构	流出结构	流入流出比
一、经营活动							
销售产品和劳务	11 810			88%			
收到增值税	1 615			12%			
流入小计	13 425			100%	64%		
购买商品和劳务		3 498		36%			
支付给职工		3 000		31%			
支付增值税		1 425		15%			
支付所得税		971		10%			
其他税费		20		0%			
其他现金支出		700		8%			
流出小计		9 614		100%		36%	1.4
经营流量净额			3 811				
二、投资活动							
投资收回	165			5%			
分得股利	300			9%			
处置固定资产	3 003			86%			
流入小计	3 468			100%	17%		
购置固定资产		4 510					
流出小计		9 614		100%		36%	1.4
经营流量净额			3 811				
二、投资活动							
投资收回	165			5%			
分得股利	300			9%			
处置固定资产	3 003			86%			
流入小计	3 468			100%	17%		
购置固定资产		4 510					
流出小计		4 510				17%	0.77
投资流量净额			－1 042				
三、筹资活动							
借款	4 000						
流入小计	4 000				19%		
偿还债务		12 500		99%			
支付利息		125		1%			
流出小计		12 625		100%		47%	0.32
筹资流量净额			－8 625				
合　　计	20 893	26 749	－5 856		100%	100%	

（1）流入结构分析。

流入结构分析分为总流入结构和三项活动（经营、投资和筹资）流入的内部结构分析。该公司的总流入中经营流入占64%，是其主要来源；投资流入占17%；筹资流入占19%，也占有重要地位。经营活动流入中销售收入占了88%，增值税占12%，比较正常；投资活动的流入中，股利占9%，投资收回和处置固定资产占91%，大部分是回收资金而非获利；筹资活动的4 000万元全部是借款。

（2）流出结构分析。

流出结构分析分为总流出结构和三项活动流出的内部结构分析。该公司的总流出中经营活动流出占36%；投资活动占17%；筹资活动占47%。说明公司现金流出中偿还债务占很大比重并使负债大量减少。经营活动流出中，购买商品和劳务占了36%；支付给职工的以及为职工支付的占31%，比重较大；税费占25%，负担较重。投资活动流出全部是购置固定资产；筹资流出中还本占99%，在现金总流出中也占绝大部分。

（3）流入流出比分析。

经营活动流入流出比为1.4，表明企业1元的流出可换回1.4元现金。此比值越大越好。投资活动流入流出比为0.77，表明公司处在扩张时期。发展时期此比值小，而衰退或缺少投资机会时比值大。筹资活动流入流出比为0.32，表明还款明显大于借款。

本公司经营现金净流入3 811万元，现金存量减少5 856万元，用于投资1 042万元，用于还款8 625万元。

3. 流动性分析

所谓流动性，是指将资产迅速转变为现金的能力。许多企业有大量的流动资产，但现金支付能力却很差，甚至无力偿债而破产清算。

真正能用于偿还债务的是现金流量。现金流量和债务的比较可以更好地反映偿还债务的能力。

（1）现金到期债务比。

现金到期债务比，是指经营活动现金净流量与本期到期债务的比率。其计算公式为：

现金到期债务比 = 经营现金净流量/本期到期的债务

本期到期的债务，是指本期到期的长期债务和本期应付票据。通常，这两种债务是不能展期的，必须如数偿还。

例 假设上例中丰华公司的本期到期长期债务是 1 000 万元，则：

现金到期债务比 = 3 811 ÷ 1 000 = 3.8

假定同行业平均现金到期债务比为 2.5，则说明丰华公司偿还到期债务的能力是较好的。

（2）现金流动负债比。

现金流动负债比，是指经营活动现金净流量与流动负债的比率。其计算公式为：

现金流动负债比 ＝ 经营现金净流量 ÷ 流动负债

例 假设上例中丰华公司流动负债为 5 457 万元，则：

现金流动负债比 = 3 811 ÷ 5 457 = 0.70

假定同行业平均现金流动负债比为 0.60，则说明丰华公司偿还流动债务的能力是较好的。

（3）现金债务总额比。

现金债务总额比，是指经营活动现金净流量与债务总额的比率，其计算公式为：

现金债务总额比 ＝ 经营现金净流量/债务总额

例 假设上例中丰华公司的债务总额是27 057万元，则：

现金债务总额比 = 3 811 ÷ 27 057 = 14%

假定同行业平均现金债务总额比为 10%。这个比率越高，企业承担债务的能力越强。该公司最大的付息能力是 14%，即利息高达 14% 时企业仍能按时付息。只要能按时付息，就能借新债还旧债，维持债务规模。如果市场利率是 10%，那么该公司最大的负债能力是 3 811 ÷ 10% = 38 110 万元。仅从付息能力看，企业还可借债 11 053 万元（38 110 − 27 057），可见该公司的举债能力是不错的。

4. 获取现金能力分析

获取现金的能力，是指经营现金净流入和投入资源的比值。投入资源可以是销售收入、总资产、净营运资金、净资产或普通股股数等。

（1）销售现金比率。

销售现金比率，是指经营活动现金净流量与销售额的比率。其计算公式为：

销售现金比率 = 经营现金净流量÷销售额

例 假设上例中丰华公司销售额为12 500万元，则：

销售现金比率 =3 811÷12 500 =0.30

该比率反映每元销售得到的现金，其数值越大越好。

（2）每股营业现金净流量。

每股现金流量，是指经营活动现金净流量与普通股股数的比率。其计算公式为：

每股现金流量 = 经营现金净流量/普通股股数

例 假设上例中丰华公司有普通股50 000万股，则：

每股现金流量 = 3 811/50 000 = 0.076（元/股）

它是企业最大的分配股利能力，超过此限度，就要借钱分红。

（3）全部资产现金回收率。

全部资产现金回收率，是经营现金净流量与全部资产的比值，说明企业资产产生现金的能力。其计算公式为：

全部资产现金回收率 =（经营现金净流量÷全部资产）×100%

例 假设上例中丰华公司的全部资产为88 023万元，则：

全部资产现金回收率 =（3 811÷88 023）×100%

=4.33%

假定同行业平均全部资产现金回收率为5%，则说明该公司资产产生现金的能力较弱。

5. 财务弹性分析

所谓财务弹性是指企业适应经济环境变化和利用投资机会的能力。这种能力来源于现金流量和支付现金需要的比较。现金流量超过需要，有剩余的现金，适应性就强。因此，财务弹性的衡量是用经营现金流量与支付要求进行比较。

（1）现金满足投资比率。

现金满足投资比率，是指近五年经营活动现金净流量与近五年资本支出、存货增加、现金股利之和的比值。其计算公式为：

$$\text{现金满足投资比率}=\frac{\text{近五年经营活动现金净流量}}{\text{近五年资本支出}+\text{存货增加}+\text{现金股利}}$$

假设上例中丰华公司近五年经营现金净流量平均数与今年相同，平均资本支出为4 350万元，存货平均增加40万元，现金股利平均每年120万元，则：

现金满足投资比率 = 3 811/（4 350 + 40 + 120）

= 0.85

该比率越大，说明资金自给率越高。达到1时，说明企业可以用经营获取的现金满足扩充所需资金；若小于1，则是靠外部融资来补充。

（2）现金股利保障倍数。

现金股利保障倍数，是指每股经营现金净流量与每股现金股利的比值。其计算公式为：

现金股利保障倍数 = 每股经营现金净流量 ÷ 每股现金股利

假设上例中丰华公司每股现金股利为0.05元，则：

现金股利保障倍数 = 0.076 ÷ 0.05 = 1.52

该比率越大，说明支付现金股利的能力越大。假定同行业平均股利保障倍数为3，则说明该公司的股利保障倍数不高。如果遇到经济不景气，可能没有现金维持当前的股利水平，或者要靠借债才能维持。

6. 收益质量分析

收益质量分析，主要是分析经营收益和现金净流量的比例关系。评价收益质量的财务比率是营运指数。

营运指数 = 经营现金净流量 ÷ 经营所得现金

经营所得现金，是指经营净收益与非付现费用之和。

丰华公司有关收益质量的信息，列示在现金流量“补充资料”的第一部分中，见表2－2。

表 2－2　　　　　　　　丰华公司现金流量补充资料　　　　　　　　单位：万元

将净利润调节为经营活动现金流量	金额	说明
净利润	2 379	
加：计提的坏账准备或转销的坏账	9	没有支付现金的费用，共 2 609 万元。少提取这类费用，增加收益却不增加现金流入，会使收益的质量下降。
固定资产折旧	1 000	
无形资产摊销	600	
待摊费用摊销	1 000	
处置固定资产收益	－500	非经营净收益 403 万元，不代表正常的收益能力。
固定资产报废损失	197	
财务费用	215	
投资收益	－315	
存货减少	53	经营资产净增加 437 万元，收益不变而现金减少，收益质量下降（收入未收到现金）。应查明应收项目增加的原因。
经营性应收项目减少（减：增加）	－490	
经营性应付项目增加（减:减少）	－337	负债净减少 337 万元，收益不变而现金减少，应查明其原因。
经营活动产生的现金流量净额	3 811	

根据表 2－2 作如下计算：

经营活动净收益＝净利润－非经营净收益

＝2 379－403＝1 976（万元）

经营所得现金＝经营活动净收益＋非付现费用

＝1 976＋2 609＝4 585（万元）

营运指数＝经营现金净流量÷经营所得现金

＝3 811÷4 585 ＝0.83

小于 1 的营运指数，说明收益质量不够好。质量不好的原因是有 17% 的经营收益已实现而未能收到现金。应收款增加和应付款减少使收现数减少。应收款如不能收回，已实现的收益就会落空；即使能延迟收现，其收益质量也低于已收现的收益。

2.9 中小企业为什么要进行筹资

企业筹资，是指企业根据其生产经营、对外投资及调整资金结构的需要，通过一定的渠道，采取适当的方式，获取所需资金的一种行为。

要成立一个企业，就必须有相应的资本，否则企业的生产经营无从谈起。由于季节性和临时性等原因，或由于扩大生产经营规模的需要，需要筹集资金。因此，资金筹集既是企业生产经营活动的前提，又是企业再生产顺利进行的保证。同时筹资也为投资提供了基础和前提，没有资金的筹集，就无法进行资金的投放。从一定意义上讲，筹资的数量与结构直接影响企业效益的好坏。因此，筹资管理在财务管理中处于极其重要的地位。具体来讲，筹资的原因有以下几个方面：

1. 建立企业需要筹集资金

按照我国《公司法》的规定，建立企业时，必须有法定的资本金，并不得低于国家规定的限额。企业的经营性质、组织形式不同，对资本的需求量也不相同。例如我国《公司法》规定，有限责任公司注册资本的最低限额为：以生产经营性为主的公司为人民币 50 万元；以商品批发为主的公司为人民币 50 万元；以商品零售为主的公司为人民币 30 万元；科技开发、咨询、服务性公司为人民币 10 万元。股份有限公司注册资本的最低限额为人民币 1 000 万元。

2. 扩大经营规模需要筹集资金

企业在发展过程中，生产经营规模不断扩大。随着生产经营规模的扩大，对资金的需求也不断增多，需要不断筹集大量资金。而这些资金仅靠自身的积累是不够的，必须通过各种方式来筹集。

3. 偿还到期债务、调整资金结构需要筹集资金

企业筹集资金，不仅仅是为了满足生产经营的需要，有时为了偿还到期债务、调整资金结构，也需要筹集相应的资金。一般而言，企业的资金来源有两个方面：借入资金和自有资金。借入资金都有一定的到期日，到期必须归还。借入资金与自有资金之间应有一个恰当的比例，资金结构才能趋于合理。这里有两种情形：一是以偿还债务为目的的筹资，即企业的现有支付能力不足以偿还到期债务，必须筹资还债；二是以调整资金结构为目的的筹资，即企业现在有足够的能力支付到期债务，但为了调整借入资金与自有资金的比率，仍需举债或筹集自有资金，从而使资金结构更加合理。

2.10 中小企业如何对现金流量进行控制

现金流量控制是管理一个企业现金收入、企业内各部门间现金转账及现金支出的技术，控制运用于经营活动、筹资活动及投资活动产生的现金流量，以确保企业的生存能力、流动性及财务灵活性。

现金流量的控制目标应有：

（1）企业经营活动产生的现金流量应该有盈余。

（2）不能过度投资于营运资金。

（3）盈余现金应进行投资。

（4）长期投资与筹资计划应与企业在经营活动中创造现金的能力相适应。

（5）若具备国际业务，则这类企业中的现金流量应进行有机的组织，以减少货币风险。

企业现金流量控制的主要组成部分包括：组织、信息、计划与政策。现金管理，包括现金流量控制，必须要有一种组织结构来明确规定由谁负责下列方面：收款，授权支付，支付款项，银行账户和账户间资金的转移，安排超额支取信用和贷款，现金盈余投资及外币交易。现金管理的每一方面都应有人负责，不应存在无人愿意负责的不确定性领域，也不应存在对现金管理特定领域的权利有争议的情况。下面就经营活动、筹资与投资的现金流量控制作说明：

1. 经营活动现金流量控制

对经营活动现金流量职责的分配因企业规模、管理结构、地域范围及企业与其供应商及其客户的合同要求的不同而变化。大致有三种控制方式：完全分权，涉及多种经营业务的集团公司，拥有许多以不同名义、在不同市场进行交易的子公司，每个子公司或分部都有各自的银行账户，对各自的发票、应收、应付担负全部责任；部分分权，每个分部或子公司可以处理发票及现金收款，但所有的付款可能都由总公司负责；集权管理，全部发票、应收应付都由总公司负责。为进行现金流量控制，需要考虑以下问题：

（1）总公司是否能要求分部将现金从其账户上转入总公司账户。

（2）总公司是否能要求分部改变其使用的银行账户。

（3）应由谁来支付现金，总公司还是分部。

（4）总公司是否可以拒绝分部的支付请求。

（5）分公司是否可以安排自己在当地的筹资，或是全部筹资必须由总公司管理。

例如，在总公司负责所有支付及现金余额的情况下，总公司控制的每个子公司都有一个银行账户，每个子公司都可以给客户开具发票并将收到的款项存入银行，但付款的权利则由总公司的集团财务经理、财务总监行使，现金流量的职责分别由子公司、总公司承担，前者负责收款，后者负责付款。又如，在总公司负责大额付款及盈余现金余额的情况下，总公司允许子公司或分部在特定的支出限额内从各自的银行账户内付款，从客户处收到的款项存入子公司账户，但盈余现金应转入总公司银行账户，以便进行大额支付。

如何分配经营性收付款项的管理责任对于现金流量的控制十分重要。现金流量控制应该由授权管理收付款项的经理人员负责。在集权组织中，现金流量由总公司负责，在分权组织中，地方管理当局负责控制日常经营中的现金流量，由总公司财务部门行使监控职能。

2. 筹资与投资的现金流量控制

现金投资与筹资流量的控制也可在总公司与地方分部间进行分配，特别是分部设在其他国家时，但发行股份、资本结构的安排、购置及大额资本支出等战略性决策仍在总公司的职责之内。特别是大的企业集团，可以设置一个中心财务部门，它并不涉及日常现金流量控制，地方分部的付款、开票及客户信用政策均由地方财务总监负责，中心财务部门应适当介入这些领域政策的制订，并对集团整体现金流量的流动性进行管理；它还处于对税务、规章及银行业务的发展状况进行监督的地位，也可针对跨国和多种货币的现金管理提出可行的改进建议。

银行业务筹划对现金流量控制也有一定关系。大的公司可能在几个国家都有账户。对银行的最终选择，一方面取决于该银行提供的地方性服务，另一方面取决于该银行提供的跨国资金转账服务及向总部提交的余额报告。拥有几个银行账户的企业可能希望对所有账户总计资金余额或账户间付款加以控制。

3. 现金流量控制与货币风险管理

具有多币种现金流量的企业面临货币风险，这是一种因汇率变动而造成损失的风险，损失有可能是由于持有一种货币而非另一种货币引起，也可能由于以一种货币而非另一种货币收回款项或支付款项而引起。货币风险可以多种方法减轻或抵消，如远期外汇、合同固定汇率，另一种方法是管理现金的收入和支出，尽可能将一种货币的收入用于同一种货币的支付，也就是每种货币的收入与支出相匹配的办法，如“重开发票中心”的使用。一些跨国公司建立了重开发票中心，若子公司向客户销货，以对其而言为外币的货币计价，子公司按其本币开发票给重开发票中心，由重开发票中心按外币向客户开发票，同样地，若子公司以外币购货，发票可由供应商直接开给重开发票中心，再由重开发票中心按子公司本币开发票给子公司，从而把货币风险从子公司转移到了重开发票中心，由其集中管理，提高了管理的效率。

2.11 现金流量管理需要注意的问题

1. 培养现金流量意识

现金流量意识，指企业良好的财务状况取决于有效的现金流量与对流动性管理的认识。

（1）在每次支出前都应有充足的理由，要考虑这一项目的支出是否必要，能否以更少花费取得所需东西，支出是否必须现在清偿，能否延迟。

（2）企业也需具备收益意识，即必须收回现金以备支付，收款应尽快存入银行以减少利息支出或赚取利息收入。

（3）对管理费用设限或使管理当局对现金流量控制负责，有助于培养现金管理意识，如规定预算中费用的限额，对每个分部的银行账户进行余额目标设定，当经理人员完成目标时，再根据其业绩表现给予奖励等。

2. 做好现金流量预测

企业应该对未来的现金状况进行预测，确保企业在需要时能以可接受的成本筹集足够的资金。一般地，要作好现金赤字预测和现金盈余预测，前者用于企业的筹资安排，后者主要为如何应用盈余做出计划。

3. 加强存货、应收账款、短期投资、应付账款的管理

（1）压缩存货、应收账款资金占用，提高存货周转率和应收账款周转率。

（2）尽量利用浮游期和信用期，推迟应付款的支付。

（3）利用票据业务、证券业务把握获取短期利益的机会。

（4）用现金流量现值来评价、决策企业的长期投资。

采用现金流量现值来优化企业的长期投资决策并确定投资项目，规划企业的中远期现金流入和流出。

（5）编制现金流量控制报告，开展现金管理审计。

企业应该对实际的现金流量和预算或目标现金流量进行比较，对当前现金流量和预测与初始预算或初始目标进行比较，当实际现金流量或修改后的预测值与预算发生严重偏离时，提醒管理当局做出反映；对现金管理的系统及其控制进行全面系统地检查，考查现金管理的系统是否有效及是否适应当前情况，对不适应当前需要的现金管理系统提出改进意见。

当今社会瞬息万变，对企业的管理评价也必须从原来重视利润、股东财富最大化转到现金流量最大化上来，密切关注现金流量信息。企业的经营、决策以及战略规划均应以现金流量为核心，加强现金流量预测，努力提高企业的现金管理和控制水平，把握未来现金流量的平衡。

2.12 年金的形式及作用

年金是指每期等额的系列收支款项，例如分期付款赊购、分期偿还贷款、发放养老金、分期支付工程款项等。年金按收支方式，可分为四种：普通年金或后付年金；即付年金或先付年金或预付年金；延期年金或递延年金；永续年金。

1. 普通年金

普通年金是指各期期末收支的年金，所以又称后付年金。在现实经济业务中这种年金最为常见，因此常称普通年金。

老李今年买了一套房子。他与房产公司签好了分期付款协议：每年年末付 2 万元，20 年内付清。对老李来讲，这每年年末支付 2 万元，就是后付年金。计算时，将以后付年金为主。

普通年金是最常用的一种年金，因而也是最重要的一种年金，应该掌握它的终值和现值的计算方法。我们先看一下普通年金终值的计算方法。

假设每年末支付的年金为 A，利率为 i，年数为 n，则按复利计算的年金终值为：

$$S = A + A(1+i) + A(1+i)^2 + \cdots\cdots + A(1+i)^{n-1}$$

推导得：

$$S = A\frac{(1+i)^n - 1}{i} = A(S/A, i, n)$$

式中，(S/A，i，n) 是普通年金 1 元在利率 i 的条件下经过 n 期的年金终值，称为普通年金终值系数。

我们来看老李的例子，20 年内每年年末付 2 万元，假设银行利率为 6%，则其 20 年后的年金终值为

$$\begin{aligned} S &= A \cdot [(1+i)^n - 1]/i \\ &= 20\,000 \cdot [(1+6\%)^{20} - 1]/6\% \\ &= 735\,711.82 \text{ 元} \end{aligned}$$

2. 先付年金

先付年金是指在一定时期内，各期期初等额的系列收付款项。它与后付年金的惟一区别仅在于付款时间的不同。上例中老李如果是每年年初向房地产公司支付 2 万元的话，那么这每年的 2 万元就是先付年金。

假设每年年初支付年金为 A，利率为 i，年数为 n，则按复利计算的年金终值为：

$$S = A\frac{[(1+i)^n - 1]}{i}(1+i)$$

可见，后付年金终值乘以（1 + i）就是先付年金终值。下面我们还看老李买房的例子，若老李每年年初给房产公司 2 万元的话，则 20 年后，他的年金终值为

$$S = \frac{20\,000\ [(1+6\%)\ 20-1]}{6\%}(1+6\%) = 779\,854.53\text{ 元}$$

3. 延期年金

延期年金是指在最初若干期没有收付款项的情况下，后面若干期有等额的系列收付款项。例如老李与房地产公司达成协议，他的房价前五年不用支付，从第六年起，每年支付 2.5 万元给公司，直到第 20 年。这笔每年 2.5 万元的款项就是延期年金。

延期年金的终值与延期 m 无关,按 n 年的普通年金终值计算方法计算终值：

$$S = A\ (S/A,\ i,\ n)$$

延期年金的现值可先按 n 年普通年金现值计算方法计算出在第 m 年年末的值，然后再调整为第一年年初的现值。

$$P = A\ (P/A,\ i,\ n)\ (1+i)^{-m}$$

我们来看一个关于延期年金的例子。锦绣公司有一个工程项目，该项目预计从第四年每年年末收益 150 万元，可连续维持 9 年。设利率为 6%，收益现值是多少？

$$\begin{aligned} P &= 150 \times (P/A,\ 6\%,\ 9)\ (1+6\%)^{-3} \\ &= 150 \times 6.802 \times 0.83962 \\ &= 856.66\ (\text{万元}) \end{aligned}$$

在本例中，就是通过先把第四年到第九年的年金现值贴现到第四年，然后在把它贴现到第一年。

4. 永续年金

永续年金是指无限期支付的年金。西方有些债券为无期限债券，这些债券的利息可视为永续年金。优先股因为有固定的股利而无到期日，因而，优先股股利有时可以看作是永续年金。这种情况，在现实生活中很常见。例如中华公司总经理李伟决定设立一项面向大学生的奖学金。他存入银行本金200万元，不打算取本只要利息作奖学金，每年利息2万元。这笔每年2万元的利息就是永续年金。

永续年金没有终止的时间，也就没有终值。永续年金的现值可以通过普通年金现值的计算公式导出：

$$p = A \cdot \frac{1-(1+i)^{-n}}{i}$$

当 $n \to \infty$ 时，$(1+i)^{-n}$的极限为零，故上式可写成：

$$p = A \cdot \frac{1}{i}$$

拟建立一项永久性的奖学金，每年计划颁发10 000元奖金。若利率为10%，现在应存入多少钱？

$$\begin{aligned} p &= 10\,000 \times \frac{1}{10\%} \\ &= 100\,000（元） \end{aligned}$$

2.13 企业风险和报酬的关系

冒风险，就要求得到额外的收益，否则就不值得去冒险。投资者由于冒风险进行投资而获得的超过资金时间价值的额外收益，称为投资的风险价值或风险收益、风险报酬。

风险和报酬的基本关系是风险越大要求的报酬率越高。实际上，各投资项目的风险大小是不同的，在投资报酬率相同的情况下，人们都会选择风险小的投资，结果竞争使其风险增加，报酬率下降。最终，高风险的项目必须有高报酬，否则就没有人投资；低报酬的项目必须风险很低，否则也没有人投资。风险和报酬的这种联系，是市场竞争的结果。

投资的风险价值与资金的时间价值一样，也有两种表现形式：风险报酬额和风险报酬率。所谓风险报酬额，是指投资者冒风险进行投资而获得的超过时间价值的那部分额外报酬；所谓风险报酬率，是指投资者冒风险进行投资而获得的超过时间价值率的那部分额外报酬率，即额外报酬占原投资额的比率。

在不考虑通货膨胀因素的情况下，期望投资报酬率包括两部分：一是资金时间价值，由于它是不经过风险而得到的价值，故又叫无风险价值，即无风险投资报酬率；二是风险价值，即风险报酬率。期望投资报酬率用公式表示为：

期望投资报酬率 = 无风险报酬率 + 风险报酬率

期望投资报酬率应当包括两部分：

一部分是指无风险报酬率，如购买国家发行的公债，到期连本带利肯定可以收回。无风险报酬率可以吸引公众储蓄，是最低的社会平均报酬率。

另一部分是风险报酬率，它与风险大小有关，风险越大则要求的报酬率越高，是风险的函数。假定风险和风险报酬率成正比，则有：

风险报酬率 = 风险报酬斜率 × 风险程度

其中的风险程度用标准差或标准离差率来计量。风险报酬斜率取决于全体投资者的风险回避态度，可以通过统计方法来测定。如果大家都愿意冒险，风险报酬斜率就小，风险溢价不大；如果大家都不愿意冒险，风险报酬斜率就大，风险溢价就比较大。

2.14 中小企业现金和利润的联系和区别

我们知道，企业为了及时反映其经营成果，将企业持续不断的生产经营过程人为地划分为相等的段落，这就是会计期间。为了正确计算企业一个会计期间的利润，必须确认企业一个会计期间的收入和费用，而企业确认一定会计期间的收入和费用的原则是权责发生制，企业一个会计期间的收入与相应的费用应当相互配比。按权责发生制确认企业在一定会计期间的收入和费用，计算企业在一定会计期间的利润，能够正确反映企业的经营效率和成果。但是，权责发生制也有其固有的缺陷，即按权责发生制确认的收入很可能是没有现金流入的收入，按权责发生制确认的费用很可能是没有现金流出的费用，这就使企业一个特定会计期间的净利润与企业同一会计期间发生经营活动产生的现金流量往往不一致，而且企业除生产经营活动产生的现金流量外，其投资和筹资也会引起现金的大量流入和流出，所以企业盈利状况的好坏并不代表企业现金流量的正常与否。有的企业虽然盈利情况较好，但企业现金流量却为净流出，以致不能及时偿还到期债务和交纳税金，无法向企业的投资者分配现金股利，甚至无法及时支付职工工资，无法采购生产经营所需的物资，在这种情况下，企业即使有较好的投资项目，也难以实施；相反，有的企业虽然盈利情况欠佳，甚至亏损，但企业现金流量却为净流入，当然出现这种情况的可能较小。

企业净利润与现金流量净额之间的差异主要是由以下原因引起的：

1. 企业取得营业收入，却没有相应的现金流入

例如，企业赊销商品或产品，按权责发生制确认了营业收入，但没有取得现金收入。这一方面增加了损益表中的营业收入，另一方面增加了资产负债表中的应收账款或应收票据。在这种情况下，不但没有现金流入，还可能产生现金流出，因为企业实现的收入需计算并交纳流转税，如果企业有盈利还需要交纳所得税。如果企业不能按期收

回应收账款，就会导致企业资金紧张，无法满足正常资金周转的需要。更为严重的是，如果应收账款长期无法收回，产生坏账，就会给企业造成严重损失。

2. 企业取得现金收入，但不是企业的当期营业收入

例如，企业收取客户的预付账款，即取得预收账款，一方面增加了企业的现金，另一方面增加了企业的负债；再如，企业取得各项银行贷款，收到投资者投入的现金资本，收回企业的对外投资等，一方面表现为企业的现金流入，另一方面表现为企业负债的增加、资本的增加或企业其他资产的减少，并不影响企业的营业收入。

3. 企业发生费用，却没有相应的现金流出

例如，企业预提应由本期负担尚未支付的费用，企业摊销以前会计期间已经支付但应由本期负担的费用，企业计提固定资产折旧、摊销无形资产和递延资产，企业计提坏账准备和其他损失准备等，一方面，按权责发生确认为企业的费用或损失，另一方面，增加企业的负债或减少企业的资产。

4. 企业发生现金支出，但不是企业的当期费用或损失

例如，企业以现金对外投资，购买固定资产、无形资产，现金支出构成递延资产、待摊费用，一方面增加企业现金流出，减少现金存量，另一方面增加企业的其他资产；再如，企业以现金偿还债务，支付以前会计期间已预提的费用，一方面同样增加企业现金流出，减少现金存量，另一方面减少企业的负债，但并不影响企业当期的费用或损失。

第二天

透视财务管理的玄机

第二天突破知识点内容：

第3章　中小企业的预算控制

3.1 什么是时间序列预测法

3.2 直线回归预测法指的是什么

3.3 中小企业如何做好预测工作

……

第4章　中小企业的筹资与投资管理

4.1 筹资对中小企业有哪些重要性

4.2 中小企业如何做好投资决策

4.3 中小企业如何利用股票融资

……

第3章 中小企业的预算控制

3.1 什么是时间序列预测法

预测的目的就是为了把握未来。通常的预测方法假设历史会重演而将预测建立在此基础之上，这就是所谓的时间序列预测法。该方法将预测的结果建立在按时间连续观察或收集的数据的基础之上。如连续24个月的销售额就是一个时间序列。时间序列预测法有三种基本模式：朴素模式法、移动平均法、指数平滑法。

时间序列预测有两个基本的假设前提：第一，被预测的对象是稳定的，历史资料能够对其进行准确的预测；第二，历史资料包括有用信息和干扰信息。有用信息是稳定的，能用来预测未来的；干扰信息则主要反映出预测对象的随机波动性。在时间序列预测中主要的问题就是将有用的信息和容易引起误解的干扰信息分开。时间序列预测方法的选用取决于历史资料中有用信息和干扰信息的比率。

1. 朴素模式法

朴素模式法认为时间序列资料中只有很少的有用信息，而大多数为干扰信息。因此预测应主要依赖于近期资料。它的预测模式为：

$$\hat{Y}_{t+1} = Y_t$$

即第 $t+1$ 期的预测值就是第 t 期的实际值。运用这种模式，2月份的销售额就是1月份的销售额。这种模式称为随机移动方式，它认为历史资料不含有用的信息。它也可以通过加入某些信息而加以改进。如可以认为序列数据不是静止的，该模式可改写为将本期和上期的变化融入这种趋势中的形式。

2. 移动平均法

移动平均法认为时间序列资料中既包含有用信息又包括“干扰信息”。有用信息代表着序列数据在考虑期内的稳定波动性，但观察到它并不十分容易，因为常有一些干扰信息引起随机波动。移动平均法就是要对数据进行平滑处理来消除这种干扰信息。一个时距为三个月的移动平均法要用到三个月的平均值。见表 3－1：

表 3－1　　某公司销售数据

月份	1	2	3	4	5	6	7	8	9
销售额 $	75	90	105	150	160	165	155	140	110

这样 4 月份的预测值：$\hat{Y}_{1-3}=(75+90+105)\div 3=90$

5 月份的预测值：$\hat{Y}_{2-4}=(90+105+150)\div 3=115$

6 月份的预测值：$\hat{Y}_{3-5}=(105+150+160)\div 3=138$

同理可推算出第 7、8、9 月份的预测值分别为：158，160，153。

在使用移动平均法进行预测时，在预测前必须决定移动的时间间距为多大。时间间距越小，近期数据对于预测的影响越大。

3. 指数平滑法

第三种时间序列预测法是指数平滑法，它用的是所有的数据进行预测。该法将历史数据不断进行更新以便预测未来的发展，它含有一个平滑指数 α，反映预测者对近期观察值的重视程度。

$$\hat{y}_{t+1}=\alpha y_t+(1-\alpha)\hat{y}_t$$

或：

$$\hat{y}_{t+1}=\hat{y}_t+\alpha(y_t-\hat{y}_t)$$

下面是关于此方法的实例，假设平滑指数为 0.4，见表 3－2：

表 3－2　　某公司销售数据

月份	1	2	3	4	5	6	7	8
实际销售额 $	210	180	315	300	425	510	385	295
预期值 $	210	210	198	245	267	330	402	395

1 月份预测值：$\hat{y}_1=210$

2 月份预测值：$\hat{y}_2=210$

3 月份预测值：$\hat{y}_3 = 210 + 0.4 \times (180 - 210) = 198$

同理可以得到 4、5、6、7、8 月份的预测值分别为：245，267，330，402，395。

从以上的例子我们可以得出关于平滑指数法的特征：第一，平滑指数的取值在 0 ~ 1 之间，指数为 0 表示不考虑现值，指数为 1 表示不考虑预测值；第二，该模式需要假定第一个预测值，在例子中，首期的观察值即为预测值；第三，上面示范的简单的指数平滑法为各时间序列的未来值都做出了预测。如果出现季节性变化因素，该模型需要修正。

时间序列技术（如移动平均法和平滑指数法）都是用过去的资料来预测如销售额之类的变量的未来值。没有人敢断言这些模式适用于所有情况。两种模式都有严重的缺陷：第一，当预测是建立在过去的观察值基础上时，资料的准备要求更加规范化；第二，历史资料中的有用信息在某些场合与其他信息在一起被筛选。

3.2 直线回归预测法指的是什么

预测时存在一条基本的规律：信息越好，决策越好。时间序列预测中，有它的独到之处，但它忽略了相关系列中包括的有效信息。例如我们将生产数据融合进去，此时对人工成本的预测一定能得到改进。回归分析模式可以通过融入相关有效的信息来达到更好的时间序列预测的目的。

回归模型是建立在相关的概念之上的。回归分析是现代统计学研究的两个重要方法之一（另一种为相关分析）。相关是指两个系列的数据存在一种统计意义上的相联系的运动趋势，对此可以用一个例子来说明。见表 3－3：

表 3－3　　某公司相关数据

月份	1	2	3	4	5	6	7	8	9
直接人工工时	250	375	525	680	930	530	710	845	455
产品数量	1 200	1 950	2 875	3 600	5 200	2 800	3 500	5 000	2 340

直接人工工时和产量之间的相关水平可以用相关系数来衡量，相关系数在 -1 ~ 1 之间变动。1 表示两个系列完全同步变化，-1 表示两个系列反方向同步变化。上面的例子中的两个序列的相关系数为 0.99，表示直接人工工时和产量的密切关系。相关系数可以利用 EXCEL 中的数据分析功能来实现。

相关分析在识别数据的相关性方面很有用处，但却无法独立完成预测任务。回归分析是较好的预测技术。它在其他参数的基础上预测另一个参数的值。如果有兴趣的经营者可以查阅中国人民大学出版社的《应用回归分析》一书。一般来说，回归的模型为：

$$y = \alpha + \beta x$$

在上面的例子中即为：

$$\text{直接人工工时} = \alpha + \beta \times \text{（生产产量）}$$

直接人工工时是独自变化的，表示产量为零时所需的人工工时，是将预测产量转换为人工工时的系数。上例子中的回归方程为：

直接人工工时 =66.3 +0.165 ×（生产产量）

根据方程式，生产 2 500 单位产品需要 478.8 直接人工工时，这是一种点预测结果，它没有传递预测可信程度的信息，即没有给出置信区间。置信区间可用回归模式的结果来形成。上例子中，如果生产 2 500 单位的产品，我们有 95% 的可信程度取定直接人工工时在 396.3 ~ 562.5 之间，可信程度的公式为：

预测的直接人工工时 ±2（预测值的标准差）

有时候在回归模型中需要多个系列。我们在构建回归模型时引入的变量就不是一个，而是多个。以一个两个变量的例子来说，它的回归方程为：

$$y = \beta_0 + \beta_1 x_1 + \beta_2 x_2$$

回归模型在建立时要注意它对数据的一些假设是否成立。一般而言，回归模型要求数据具有等方差、0 均值的性质；另外在建立了一个回归模型时，我们并不能马上就利用该模型进行预测，要首先对模型的显著性进行检验，当方程的系数、方程都通过了检验，我们才可以利用它进行预测；最后，在建立回归模型时，经营者应了解模型对样本数据个数的要求。一般而言，样本总数据的个数越大越好。但由于现实中，数据是有限的，模型对样本数据的个数的最低要求为：样本中数据的个数应该大于变量个数的 10 倍。

3.3 中小企业如何做好预测工作

未来是没法准确预测的，但企业除了适应这一情况之外，别无选择。于是企业经营者制定短期计划和长期计划来帮助实现所有者财富最大化。这些计划明确地指出完成企业使命和目标必须实现产出。预算则正规地列出了完成计划产出所需要的投入。预算只有以计划为基础才有用，计划只有在体现了决策结果才有价值，而决策的好坏取决于假定和预测。经营者很清楚不确定形式是未来的一部分。预测在预算过程中扮演重要角色也是最近几十年的事。计算机技术和预测软件的发展使得预测技术日益广泛使用，但这并不是基本原因。

预测技术的改进主要原因是未来变得越来越不确定。商业环境的竞争日益激烈、新的国外市场开放、旧规定的破除使经济情况更难以预测，产品的生命周期在缩短，稳定的商业状况已成为过去。经理层越能降低这种不确定性就越能更好地预测未来变化，做出的决策也一定更好。预测的目的就是减少决策的风险性。

预测方法可按时间、定性或定量、详细程度、宏观或微观等标志加以分类。预测方法的选用视具体情况而定，绝不可因某一技术复杂和高深就草率地加以选择。如果经营者不能根据实际情况来改善决策，任何方法都是毫无价值的。

长期预测和短期预测有以下几点区别：第一，长期预测通常要求较少的细节；第二，长期预测考虑那些会显著改变商业环境的事件发生的可能性。这种不确定性使我们很难在历史资料的基础上进行预测，那么汇总有关专家及企业内部人士的意见进行预测或许是一个好办法。定性预测常通过几种方式进行：它可以是一个专家组的共同观点，可能是对一群消费者的调查结果，也可以是企业执行决策的领导人或销售人员的观念的概括与总结。

定量预测方法可以分为两种：一种使用历史数据预测未来，另一种是利用假定的两个项目如销售量和销售收益之间存在的因果关系，一旦原因的变化（如销售量）估算出来，利用假定的关系就可以预测出相应价值的变化。由于定量预测采用数学计算的方法，人们通常认为它要比定性预测的方法好一些，这其实是不正确的。因为定量模式假定环境是稳定的，所以它不能用于变化或不稳定的情况，可是现实世界是不断变化的，所以定量预测结果的可信度不能令人信服。例如，假定一个市场营销主管发现某些因素将会引起销售收益与按历史趋势预测的水准相背离时，定性预测可能会更准确。可以将二者结合起来，按预期的因素变化对定量预测结果进行调整。经营者必须能估计形势，知道什么时候应选择什么预测方法。对预算来讲重要的是管理者应相信预测本身而不是相信其美妙的数学形式。

无论采用什么方法，经营者在进行预测时都应遵循以下原则：第一，对问题应该进行清楚的界定和评价，经营者应该知道他要预测的是什么，预测所要解决的问题是什么。同时他也应提前确定预测应达到的准确程度以及他愿为此花费的精力。第二，预测时间水平必须预先设立。你是要预测下 1 年的还是要预测随后 20 年的项目现金流。第三，选择使用宏观方法还是采用微观的方法，使用定性的方法还是定量的方法。第四，收集数据，确定误差和相关性。使用数据来检验和选择不同的预测技术，至此方可真正进行预测。最后，对前面的预测的准确性进行仔细审查，如果有必要，经营者可以修改或选用别的预测方法。

经营者在进行生产经营活动的预算时，一定要牢记预测是决策的基石，好的决策是组成好的计划与预算的构件，而好计划是企业成功的基础。

3.4 如何运用弹性编制法进行企业预算

固定预算是不考虑预算期内生产经营活动可能发生的变化而编制的预算，但在企业经营过程中，企业的业务量将随着各种因素的变化而发生变化。为了更好地控制企业的经济业务和财务活动，就需要根据预计的各种业务量，编制不同水平的预算，这种预算方法称为弹性预算。所谓弹性预算，就是在编制预算时，考虑到计划期间业务量可能发生的变化，编出一套能适应多种业务量的财务预算，以便分别反映在各业务量的情况下所应开支（或取得）的费用（或利润）水平。由于这种预算是随着业务量的变化作机动调整，具有一定的弹性，故称为弹性预算。

编制弹性预算的步骤如下：

（1）选择和确定各种经营活动的计量单位，如生产量、销售量、消耗量、人工小时、机器工时等。

（2）预测和确定可能达到的各种经营活动业务量。在确定经济活动业务量时，要与各业务部门共同协调，一般可按正常经营活动水平的70% ~120%确定，也可按过去历史资料中的最低业务量和最高业务量为上下限，然后再在其中划分若干等级，这样编出的弹性预算较为实用。

（3）根据成本性态和业务量之间的依存关系，将企业生产成本划分为变动和固定两个类别，并逐项确定各项费用与业务量之间的关系。

（4）计算各种业务量水平下的预算数据，并用一定的方式表示，形成某一项的弹性预算。

例 某企业生产两产品，预计单位变动成本500元，其中直接材料成本310元，直接人工成本120元，单位变动制造成本70元，预计固定制造费用总额200 000元。根据上述资料，按弹性预算法可编制不同业务量水平下的成本预算，见表3－4。

表 3-4　　　　　　　　　　　　**弹性成本预算表**　　　　　　　　　　　单位：元

业务水平	800	900	1 000	1 100
直接人工	96 000	108 000	120 000	132 000
直接材料	248 000	279 000	310 000	341 000
业务水平	800	900	1 000	1 100
变动制造费用	56 000	63 000	70 000	77 000
固定制造费用	200 000	200 000	200 000	200 000
预算总成本	600 000	650 000	700 000	750 000

上表是用列表法来说明弹性成本预算的编制过程。此例的业务量适用范围为 800～1 100 台，如生产量在这一业务量范围内，固定成本相对不变，而变动成本与业务量成比例变动。表中 1 000 台生产量水平为正常活动能力水平。根据业务量百分数编制各级水平的预算，以此形成弹性成本预算表。

由上可见，弹性成本预算法的主要特点是：

（1）能提供一系列生产经营业务量的预算数据，它是为一系列业务量水平而编制的，因此，当某一预算项目的实际业务量达到任何水平时（必须在选择的业务量范围之内），都有其适用的一套控制标准。

（2）由于预算是按各项成本的性质分别列示的，因而可以方便地计算出在任何实际业务量水平下的预测成本，从而为管理人员在事前据以严格控制费用开支提供方便，也有利于在事后细致分析各项费用节约或超支的原因，并及时解决问题。

3.5 如何运用定性预算编制法进行企业预算

定性预测法，是指通过财务人员的实践经验和综合分析能力，采用逻辑推理的方式，对企业财务活动未来的发展前景做出判断的预测方法。定性预测法虽不排斥数量内容，但其主要目的不在于推算未来企业财务活动状况的具体数值，而在于分析判断企业财务活动的发展方向与变化趋势以及市场诸多因素对其的作用方向和力度。

定性预测法是企业财务预测方法体系中一个不可缺少的组成部分。这是因为：

（1）定性预测是定量预测的前提条件，当预测若干财务现象量的依存变化关系时，只有确定其存在的质的联系，量的依存关系的预测分析才有意义。

（2）定量预测需要具有相当充分的数据资料，当资料不完备、不确切、可靠性无法把握、难以采用定量预测时，只能运用判断、推理、归纳等定性方法进行预测分析。

（3）有许多现象是不可量化的，当对无法量化的影响企业财务活动的因素进行分析预计时，只能采用定性预测法。

集合意见法就是常用的一种定性预测法。集合意见法，是指有关人员根据实践经验进行判断性预测的一种方法。这种方法是以企业领导、中层干部与相关人员（如财务人员、销售人员）等为征询意见对象；并由各有关人员对企业财务活动状况可能性做出判断与估计；然后再将各方面意见进行多层次综合处理与适当修正，提出较合适的预测结果，以供决策者参考。

为阐述方便，现以销售预测为例，说明集合意见法的一般步骤：

（1）邀请对市场与本企业销售状况熟悉的有关人员为征询意见对象，并将其分为企业领导、中层干部、销售人员、外邀专家等若干小组。

（2）由各有关人员对企业产品销售处于好、中、差三种状态下可能实现的销售数量及可能程度，做出自己的估计与判断，并根据每个人的估计与判断进行综合，得出个人期望值。

(3) 在各小组人员中，根据各人经验的丰富程度和对市场的熟悉程度，对其估计的个人期望值给定权数，并加权综合平均，得出各小组方案期望值。

(4) 在各小组方案中，根据各组对销售状况的了解程度，对各小组方案期望值给定权数，并加权综合平均，得出总体的综合期望值。

(5) 由参与预测的有关人员对综合期望值进行讨论分析与适当修正，并将修正意见作为预测结果。

3.6 怎样运用零基编制法进行企业预算

企业编制预算的方法多种多样，零基预算是一种重要的方法，它尤其适用于开业不久的企业，因为这些企业经营时间短，本身的历史资料非常有限，因此这些企业在编制预算时一般采用零基预算编制法。零基预算编制法的重要性的另一表现为：现代社会变化迅速，市场需求变动非常快而且变动非常大，产品的寿命缩短，这使得历史资料反映未来情况的能力大大地下降，因此企业在编制预算时应考虑到这一变化趋势，零基预算可以通过集体讨论等方式进行，可能是对弹性、定性等方法的有益补充。

1. 零基预算法的含义

零基预算是指对任何一个预算期、任何一种费用项目的开支，都不是从原有的基础出发，即根本不考虑基期的费用开支水平，而是一切以零为起点，从零开始考虑各费用项目的必要性，确定预算收支，编制预算。

过去编制费用预算的传统方法，一般都是以基期的各种费用项目的实际开支数为基础，然后结合计划期间可能会使该费用项目发生变动的有关因素加以考虑，从而确定在计划期间应增加或应减少的数额。这种基于以往实际的传统预算方法，不可避免地要受既定结果的影响，造成调增预算容易、调减预算困难的心理定势。因此，难以把企业有限资金按企业经济活动的重要性，有重点、分主次地进行分配，结果往往造成资金的浪费。

2. 零基预算法与传统调整预算法的不同

零基预算法与传统的调整预算法则截然不同，它们有以下三个区别点：

（1）预算的基础不同。

调整预算法的编制基础是前期结果，本期的预算额是根据前期的实际调整确定的。零基预算的基础是零，本期的预算额是根据本期经济活动的重要性和可供分配的资金量确定的。

(2) 预算编制分析的对象不同。

调整预算法重点对新增加的业务活动进行成本效益分析，而对性质相同的业务活动不作分析研究。零基预算法则不同，它要对预算期内所有的经济活动进行成本效益分析。

(3) 预算的着眼点不同。

调整预算法主要以金额高低为重点，着重从货币角度控制预算金额的增减。零基预算除重视金额高低外，更主要的是从业务活动的必须性以及重要程度来分配有限的资金。

3. 零基预算法的基本步骤

零基预算编制的基本步骤为：

(1) 划分和确定基层预算单位，一般企业里各基层业务单位通常被视为能独立进行预算编制的基层单位。

(2) 由企业提出总体目标，然后各基层预算单位根据企业的总目标和责任目标，从零出发，编制本单位为实现上述目标的费用预算方案，在方案中必须详细说明提出费用项目的目的、性质、作用以及需要开支的费用数额。

(3) 预算审核部门根据成本效益分析等方法，对每一项目的所需费用和所得收益进行比较分析，在此基础上对各项费用预算方案进行评价定级，排出优先次序。

(4) 在严格审核的基础上，根据计划期间可动用的资金来源，按重要性原则，依据项目的轻重缓急分配资金，落实预算。

4. 零基预算法的编制示例

某企业在编制下年度销售费用预算时，拟采用零基预算法。

(1) 由销售部门的全体人员，根据企业下年度的总体目标和本部门的销售任务，列出开支方案。

(2) 预算审核委员会，对上述预算草案进行分析。

(3) 把成本费用项目按照它们的具体性质和轻重缓急排列成下面三个等级。

第一等级：销售人员工资，办公费，房屋租赁费，差旅费，销售佣金。它们属于约束性的固定成本，销售收入一定的情况下，必须全部予以保证。

第二等级：培训费。它属于酌量性固定成本，可视企业资金的保证程度酌情增减，同时它的成本收益率高于广告费，故排在第二等级。

第三等级：广告费。它属于酌量性固定成本，可视企业资金保证程度酌情增减，但是它的成本收益率小于培训费，故排在第三等级。

根据企业计划期内可动用的资金来源，分配资金，落实预算。

5. 零基预算法的优缺点

零基预算法的优点是它不受现行和传统预算的约束，没有条条框框，能够充分发挥各级管理人员的积极性和创造性，促进各级预算单位精打细算，有利于压缩和节约开支。同时零基预算根据重要性原则，将各种收支分成若干等级，重要的项目优先安排资金，次要的项目削减甚至不给予资金保证，这有利于企业合理使用资金，提高资金的使用效果。零基预算法的缺点在于一切费用项目均以零为起点进行分析研究，因而编制预算的工作量较大。但在企业推行预算管理的初级阶段或在企业经营活动有重大变化时，它不失为一种合理而有效的预算编制方法。

3.7 中小企业怎样编制财务计划

企业的生产经营是一个复杂的动态系统，因此，企业一旦通过预测和决策确定了经营目标，就必须制定一个能够协调企业内部各部门的全面计划，以监督和控制企业的经营活动，分析和考核企业内部各部门的工作业绩，保证企业经营目标的实现。财务计划是以货币形式表示的财务方面的经营计划，是规定计划期企业生产经营中资金来源和运用、资金消耗和收入分配的计划。正确编制财务计划，对有效地组织财务活动，控制货币收支，努力达到预定的财务目标具有重要的意义。

根据时期的长短，财务计划可划分为短期计划和长期计划两种。长期财务计划是根据企业的战略目标而制定的，是决定企业前途的一项重要工作。短期财务计划是指 1 年以内的计划，具体包括年度、季度和月度三种。通过短期财务计划的编制，可以使各部门明确计划期的奋斗目标，协调企业内部各部门的工作，为使企业的资源得到最充分、最有效的利用而发挥作用。

企业短期财务计划的内容受企业的性质和业务内容的制约，基本内容包括：资金计划；现金收支计划；生产成本及期间费用计划；外汇收支平衡计划；销售及利润计划；存货计划；借款及还款计划；资本支出计划；预计的资产负债表、损益表等。

1. 财务计划的作用

具体来说，财务计划有以下几个方面的作用：

（1）有助于明确企业经营的目标。

财务计划是具体化的财务目标。编制财务计划有助于企业内部各个部门的主管和职工了解本企业、本部门、本人在企业的财务目标中的地位、作用和责任，有助于企业财务人员为保证企业经营目标的实现，去经济合理地使用资金和筹措资金。

（2）协调企业的各项经营活动。

计划围绕企业的财务目标，把企业经营过程中的各个环节、各方面工作严密组织起来，消除部门之间的隔阂和本位主义，使企业内部各方面力量协调一致，资金运用保持平衡，减少和消除可能出现的各种矛盾冲突，从而使企业成为一个为完成其经营目标、财务目标而顺利进行运转的有机整体。

（3）控制资金。

财务计划的控制作用主要表现在三个方面：事前控制、事中控制和事后控制。计划的事前控制，主要是控制计划单位业务范围和规模，以及可用资金限额。由于企业计划总是有一定的限度的，因此各部门不能随心所欲，想做的一切事，应分清轻重缓急，在资金允许的情况下，合理安排。科学合理的计划能激发各部门和企业员工的工作积极性：主动献计献策，提出降低费用支出、增加收入的措施，以确保计划目标的完成。计划的事中控制主要是按计划确定的目标，对计划收入进行督促，争取实现预期收益和货币资金的流入；对计划的各项耗费和货币资金流出进行审核，防止超支，保证计划的执行。计划的事后控制主要是进行计划和实际执行结果的比较，分析差异产生的原因，进行业绩评价，并为下一期的计划编制工作提供依据。

2. 财务计划编制的方法

编制财务计划，就是要把各种已知的信息资料加工出来，转化为指导财务工作的计划。财务计划的编制方法一般有以下几种：

（1）指标推算法。

计划的编制既然是信息的转换过程，那么将初始信息转化成企业未来发展目标、资金筹措、运用和考核效果的财务计划指标，必须借助于一定的数量分析和推断的方法，此类方法可以称为指标推算法。指标推算法有定额法、系数法、因素分析法、目标推算法、经验趋势法等。

（2）弹性计划法。

企业的经济活动状况、水平是很难准确预测的，因此，为了适应不同经济活动水平的财务状况，应采用弹性的方法。首先划分在计划期内大约几种可能的经济活动水平，进而编制不同状况下的弹性财务计划。有了弹性财务计划，就不至于在生产经营活动不是按照原来确定的计划进行时，企业的财务工作失去了指导依据。弹性财务计划一般是在已经划分过弹性数据，如各种业务的工作量、工时等的基础上，计划企业的成本开支、利润等财务指标。

（3）概率计算法。

编制财务计划时涉及诸多变量，在指标推算法中往往是一个变量，鉴于计划工作人员个人的判断能力不同，预测手段不同，以及社会经济变化等，用一个确定值来计划未来经济活动往往很不够。为了适应各种不确定性，有必要引进概率度来衡量计划指标发生的可能性，也就是计划指标的可靠性。用概率的方法编制出来的财务计划，不但减少了计划工作人员的个人局限性，而且使财务工作在意外情况发生时有回旋余地。概率计划方法用途很广，几乎可以应用于编制财务计划的所有方面，包括资金的筹措、成本的开支、利润的完成等。

长期财务计划是根据企业长期战略经营目标所确定的生产经营规模、资金占用量、资金筹措渠道、市场占有率及内部关联措施方案而制定的。短期财务计划一般采用指标预测、定额标准、自我平衡和外部平衡以及借鉴历史或同行业最高水平等方法编制的，在具体编制时，要根据企业生产经营的内部条件和外部经济环境以及企业财务活动的规律、特点，采取适当的编制程序。以销定产的情况下，企业应首先通过市场预测，编制销售及利润计划；在编制这个计划的同时，考虑到销售成本的计划目标；然后以利润计划和销售成本计划为基准，编制生产成本计划和期间费用预算，并进一步编制存货规模、资金占用量、借款和还款以及资本支出计划等。由于财务计划是一个完整的计划体系，各项计划指标存在着相应的关系，因此，任何一个计划指标的确定都要兼顾其先进性和可能性，并应留有一定的余地和保持计划指标之间的兼容关系。

在以产定销的情况下，企业的财务计划要在生产经营计划确定后，以当期的计划任务为中心，一方面编制销售收入及利润计划；另一方面编制生产成本、存货流动资金占用计划，借款及还款计划，财务收支计划及资本支出计划等。

财务计划编制的具体步骤为：

（1）对企业的外部环境进行综合分析研究，主要是对市场需求调查研究，并以此为基础编制计划大纲。

（2）各业务职能部门根据外部经济情况的预测和计划大纲做好各自的经营计划。通常是按照每种产品分别做销售、生产计划。

（3）财务人员根据经营计划，帮助各部门制定有关的价值计划。然后再汇集各部门的价值计划，按内在联系综合成各种财务计划。

第4章　中小企业的筹资与投资管理

4.1　筹资对中小企业有哪些重要性

古人云“借鸡下蛋”。古人尚且知道这个道理，现代公司的经营者就更该明白其中的玄妙了。我们这旦讲的“筹资”与“借鸡下蛋”还是有一定区别的，借鸡下蛋是指借别人的钱为自己谋利，而公司的筹资广义上讲既包括自有资金的筹集也包括借债。筹资对中小企业经营的作用是不容忽视的。

1. 弥补公司日常经营的资金缺口

经营公司的人都知道并不是公司要投资、要扩展时才需要资金，日常经营经常也会出现资金缺口。比如与农产品打交道的中小企业，季节到了，需准备一大笔资金收购农产品，再制成商品售出；如果公司应收账款过多，而手头资金短缺，公司也会选择短期融资。

2. 为公司的投资提供保障

要投资，就需要资金，当然也可以用设备、土地、无形资产投资，但大多数情况下，对资金的需要是直接的，但是钱从哪里来呢？要知道“巧妇难为无米之炊”，要想做好投资，就要先学会筹资。

3. 公司发展壮大的需要

公司要占领市场、要经营房地产、搞多元化经营、要与对手拼个死活、要向国际进军，哪一条不需要巨额资金支持呢？想一想彩电、微波炉之战，哪一个战役不是由巨资为支撑，一旦哪个公司耗不下去了，资金不足了，市场也将向它关闭，这就是现代商业经营残酷的现实。因此，无论是中小企业还是大型企业，想要在市场中生存，想要将公司不断发展壮大，筹资是一门必要的学问，值得好好研究。

4.2 中小企业如何做好投资决策

当完成了投资的第一步——抓住机遇后应如何继续进行好投资的决策呢？为什么有些中小企业抓住了机遇而投资又最终失败了呢？原因很简单，迈好了第一步不等于能迈好第二步，只有一步一个脚印踏踏实实地走下去最终才能获得成功。因此中小企业要进行好投资决策首先要树立好几个理念。

1. 今天的钱总要大于明天的钱

从理论上说，如果今天的钱留到明天花就损失了今天花钱所带来的多出的那一部分效用，这是西方人的观点。比如彩电两年前买 21 吋大概要 2 000 多元，现在买只要 1 000 元左右。如果一个人两年前可以买但就是要等到现在便宜了才买，实际上他损失了两年看彩电带给他的效用。就实际而言，经济中是存在通货膨胀的，今年的 1 元钱到明年自然也会有所贬值。

公司在投资的过程中当然要明白这个道理。“今天的钱总要大于明天的钱”就告诉我们：

（1）能现在投资的项目不要放在以后再做。

如果一项投资在市场机遇上、在资金配置、管理上都是可行的，那么现在就做；过个一两年还不知道市场会变成什么样呢！

（2）投资的回收期越短越好。

如果有甲、乙两个项目，其他情况都一样，一个 2 年内收回初始投资，一个 3 年内收回初始投资，你会选择哪一项？你当然会本能地选择回收期短的，因为在第 3 年甲项目就会产生净现金流入，而乙项目还不会。

国外的很多投资决策模型都是在这条理念的引导下设计的。

2. 投资的过程也是管理的过程

仔细想一想投资是什么？

- 选定几个目标；
- 进行市场调研，可行性分析；
- 确定一个可行的项目；
- 进行相应的准备：人力、技术、物资、设计图、场地……
- 实施这一项目；
- 投产；
- 投资后的评估。

投资的过程是不是上面所列示的过程呢？也许你还有别的见解，但总体思路没有错吧！由上面这一过程来看投资本身也是一个管理的过程，是集计划、决策、运行、评价为一体的过程。有的人片面地认为投资只要有钱就行了。这是不是片面观点呢？目前中国的现状是：很多公司在投资过程中不缺钱，也不缺项目，但缺乏的是好的管理。

在第 1 章我们提到管理包含了市场营销、人力资源、财务等等各项管理。在投资中也是如此，包括人员安排、工程进度、财务收支、后勤辅助等等。这都需要与各个单位统一协调。如果仅仅把投资理解为计划、决策的过程就片面了。许多好的项目最终失败的原因可能就在于实际的执行与当初的设计事与愿违。

因此在投资决策之时就应明确“投资的过程是管理的过程”是相当重要的，使决策从一开始就和执行与管理紧密挂钩，加强投资决策的科学性。

3. 投资决策要与筹资计划紧密结合

有的公司在做投资决策时筹资安排总是一笔带过，认为“车到山前必有路，船到桥头自然直”，而实际执行过程中，很多项目由于执行中资金不足而闲置在那里一两年，一两年后市场是否还真的需要这个项目呢？还有的投资项目由于资金不足索性将公司也拖得破产。这种例子在现实中并不少见，如巨人集团的巨人大厦，这些失败的案例都是应该引以为戒的。

投资与筹资是紧密结合的，这也是我们这本书再三强调的。筹资的目的不完全为了投资，但投资的过程绝对少不了筹资。因此公司有必要在进行投资决策之时制订一份详细而周密的筹资计划。

4. 树立正确的风险价值观念和机会成本观念

任何投资都是存在风险的，只是风险的大小有别罢了。一般规律是：风险越大，要求的收益也就越高，风险越小，要求的收益也就越低。公司的经营管理者追求什么样的风险价值观取决于经营者自身的经营习惯与公司的管理理念。

机会成本的概念早就引入了我国的公司管理之中。在进行投资项目决策时，你常会发现这样一种情况：不同的备选方案各自带来不同的收益，当你选定一种方案而放弃其他方案时，其他方案所潜在的收益便被称之为机会成本。我国很多中小企业的老总缺乏这方面的认识，只看一处而不见其余。如果投资时多想想：除了这个项目，我还可以投资哪个领域呢？会有什么样的收益呢？这样思路就会开阔了许多，也会大大增强资金的使用效率。

5. 资金的时间价值运用到投资决策之中

资金是有时间价值的，在前面第一个理念之中我们已经提到过。正所谓“一寸光阴一寸金”！

（1）首先，我们先来关注一个普遍的经济现象：若银行的存款年利率为5%，将100元存入银行，一年之后它会变成多少呢？当然是105元，这是一个很简单的计算问题，但我们可以从中得到以下几个结论：

①相同量的资金在不同时点上反映的价值量是不同的；

②等量的资金随时间推移而增值，越靠前的资金越值钱；

③时间对资金产生重大的影响。

因此引出资金时间价值的概念：在资金的使用过程之中，随着时间的推移而发生的资金增值。

资金只有使用才会发生增值，如果把钱放在罐罐中埋起来，那么只有贬值的结局了。

（2）资金的时间价值如何被用于解决实际问题？

首先要明确一点，不同时点上的资金是不具有可比性的。今年的1元钱不等于明年的1元钱。既然不同时点上的资金数额是不能用于相互比较的，进行投资决策时应怎么办呢？

很简单，我们可以把不同时点上的资金换算到同一时点上进行比较。比如市场利率为5%，明年的100元换算到今年为100÷(1+5%)

=95.2 元，这样不就可以比较了吗?

从上面这个简单的小例子我们可以总结出资金的时间价值解决实际问题的方法：

①估算出各年的现金流量；

②将各年的现金流量换算到同一点；

③将结果进行比较。

在换算过程中运用的方法要复杂一些，比如复利的计算、年金的计算等等。

4.3 中小企业如何利用股票融资

有的中小企业老总认为利用股票融资是可望而不可即的事。其实，距离中小企业并不遥远，许多大型的中小企业都希望利用股票融资，也有的中小企业不希望发行股票及上市。大家的出发点各不相同。

希望上市的，认为发行股票有助于筹集更多资金，有利于资本结构的优化，也有利于公司的股份制改造；不希望上市的，认为发行股票上市会分散公司的控制权，也有潜在的被人恶意收购的风险，各种资料还需定期公开，自己在明，他人在暗，不合算。

中小企业究竟何去何从，还要看公司的发展策略，是想走股份制道路，还是沿袭原有的经营策略。

我国上市公司中纯中小企业很少，绝大部分含国有股的成分。这并不意味着中小企业不能利用股票上市融资。根据《公司法》第七十三条规定："设立股份有限公司，应具备下列条件：①发起人符合法定人数；②发起人认缴和社会公开募集的股本达到法定资本最低限额；③股份发行、筹办事项符合法律规定；④发起人制订公司章程，并经创立大会通过；⑤有公司名称，建立符合股份有限公司要求的组织机构；⑥有固定的生产经营场所和必要的生产经营条件。"只要符合条件，经过证监会批准，中小企业可以发行股票上市融资。从目前情况来看，受各种条件的影响，中小企业要成为上市公司仍需要进行各方面的努力。

买壳上市——一种上市的好办法。

所谓买壳上市就是非上市公司通过收购上市公司，获得上市公司的控股权之后，再由上市公司收购非上市控股公司的实体资产，从而将非上市公司的主体注入到上市公司中去，最终达到非上市的控股公司间接上市的目的（见图4－1）。

买壳上市属于我国证券市场资产重组的主要形式之一，目前在中小企业成为直接上市公司难度较大的情况下，买壳上市不失为一种争取上市融资的良好方式和意图。我国现行股票发行和上市还受额度管理的限制，一些有潜质的中小企业由于无法获得发行额度而不能通过

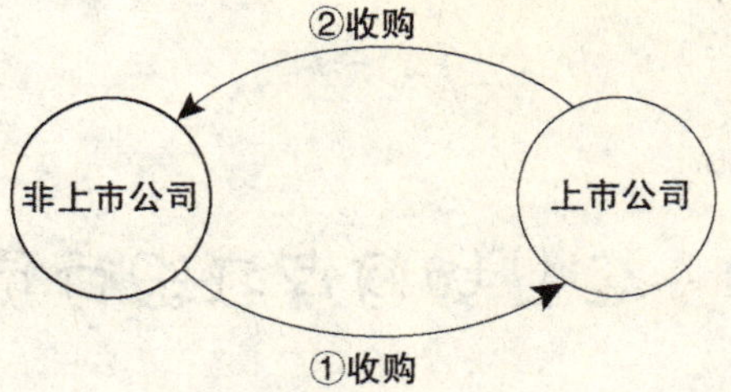

图4－1　买壳上市

证券市场融通资金，选择买壳上市的方式也算是一种便宜，一方面有助于中小企业自身发展；另一方面，也将一批处于“隐性死亡”状态下的上市公司救了回来，既有利于自己，又有利于他人。

公司是否真的需要买壳上市要从以下几个方面考虑：

- 公司的发展意图是什么？
- 公司上市后有什么样的好处？
- 公司是否选择了目标公司？
- 目标公司的经营状况如何？
- 目标公司可有进一步发展的前景？
- 买壳上市的资金从何而来，是否有保证？
- 买壳上市后，两个公司的领导层应如何协调？
- 买壳上市后竞争对手会有什么反应？
- 买壳上市后的潜在收益与成本相比较，买壳上市值得吗？

当然，中小企业需考虑的不单单是以上这几个问题，这里只给出一个基本的思路。私营企业选择目标公司也不是盲目选择，还是有些讲究的。

(1) 选择一些主营业务、资产规模增长缓慢甚至是倒退的壳公司，这类公司负担沉重，公司自身面临的问题很多，比如公司有大量不良资产，公司离退休职工比重较高，公司负债比率高等情况。在收购它之前。一定要先确定该公司有一部分优良资产，有一定的发展前途，在明确这一点后，收购它们注入自己的资产，随后改变其主营结构，剥离不良资产，待到时机成熟的时候，改变挂牌名称。

(2) 还可以选择一些处于夕阳产业的壳公司，或虽取得上市资格，但不具竞争力的新兴产业公司为壳公司。

(3) 股权结构有利于第三者控股的壳公司。

4.4 中小企业如何谋求银行贷款

银行是中小企业获得大额、中长期资金的重要来源与支持者。是中小企业成长的重要支柱。因此，精明的中小企业老板常常把银行家当作自己的朋友，把信贷当作事业腾飞的杠杆。

1. 贷款是有条件的

银行，尤其是商业银行，是愿意向外贷款的。因为只有通过贷款，他们才能赚到钱。不过，他们却未必愿意向中小企业贷款。如果让他们自由选择，他们宁愿把钱贷给那些并不确实需要钱，但有许多担保和抵押的大公司。不过，问题是他们并不总是有这种选择的权利，大公司也不能完全满足银行的要求，因此银行同样需要小公司、中小企业的生意。在申请贷款时，银行需要申请人具备一些条件。

（1）偿还贷款的能力。

即使有可靠的抵押，但是如果银行不相信你的中小企业能够像你预测的那样获得成功，那么还是有很大的可能不批准你的贷款申请。银行一般不愿意强行取消抵押赎回权，不愿意找担保人追究责任，或用客户的抵押品兑换现金——即不愿意采用以上三种方法中的任何一种收回对方无法偿还的贷款。银行希望得到这样的保证——你的中小企业有能力用中小企业的收入偿还全部的贷款。

（2）超过贷款价值的财物作抵押。

尽管银行并不想没收这类抵押的财物，但是为安全起见，还是必须有这种财物抵押的。银行越是相信中小企业的发展前途不可限量，也就越不会计较抵押财物需要符合什么要求。最佳抵押物，包括存折、股票、债券、房契、人寿保单等。但是其他抵押品也能为银行所接受，如老板配偶的财产、昂贵的宝石或古董等。

（3）本身资金投放的证据。

老板可能不愿意把自己的全部积蓄都投入目前从事的业务，但是你必须向银行表示出你打算把积蓄投资到中小企业经营上的决心。一个申请贷款的人只有表明自己的能力和信心，银行才愿意向他贷款。

要使银行明白：你已经全力以赴地把你的资金和时间用在扩展你的业务上了，这样银行就会对你产生信心，愿意贷款给你。

（4）创业精神同组织能力和管理才能的结合。

创业精神固然对于能否申请到贷款十分重要，不过老板的为人、性格也同样有着举足轻重的作用。此外，还在很大程度上取决于你的组织能力和管理才能。银行在批核贷款时将会考虑：你在安排时间和组织人力方面是否十分成功？你是否有灵活调配资金的才能？如果你能找到有说服力的证据，那么就应该毫不犹豫地提供给银行。例如，你曾为一家公司工作过，而这家公司又使你的组织能力和管理能力得到充分的发挥等，你将这些信息提供给银行，以作为批准贷款的参考。

（5）产品销售十分理想。

在这方面，时间和地点也不容忽视。如果中小企业能够证明所销售的产品是近期所需要的热门商品，那么即使中小企业规模很小，银行也会愿意提供贷款的。另外，银行一般都会把自己视为热心公益的机构，愿意以服务于社会的面目出现，因此，如果行得通，你就要大力宣传自己产品在一般公众心目中的地位，并且强调在造福社会方面不容忽视的作用。

（6）贷款在较短时间内可以归还。

银行一般都不愿意给小中小企业发放中长期贷款，而是以提供短期贷款为最安全、最能赚取利润的办法。银行特别愿意考虑贷款在一年以内的情况，这样就便于及时地评估贷款的风险，决定以后的贷款方案。通常情况是，贷款期越长，银行需要的抵押就越多，加到中小企业运作上的限制就越多。如果希望为销售旺季多进点货物，或者资金一时不能大量回笼，那么这两种情况下的短期贷款是银行最乐于考虑的。至于长期贷款，银行也可以发放，但一般需要用于购买重型设备、增加固定资产，或者购进别的中小企业等方面。这时，必须有可靠的抵押、强有力的担保才行。

2. 争取贷款的方法

为能在银行取得贷款，可以做也应当做很多事情。有些人是由于心血来潮才去银行的，目的不外乎去碰碰运气，看是否能从银行贷到款，这种办法显然是不可取的。在去银行之前，你首先要认真考虑你对于贷款金额和条款的要求，然后才可以为日后的成功做些脚踏实地的工作，争取到银行的贷款。

（1）要同银行建立良好的业务关系。

中小企业组织和商业朋友都会向中小企业介绍合适的贷款银行。有些银行也愿意向中小企业提供贷款支持。这样的银行对中小企业的需求做出反应的可能性就比较大了。对中小企业来说，最理想的情况就是：已经同某一银行建立了良好的业务联系。银行通常会特别优待自己的老客户，因此，老板一定要保持并增加同银行的联系，扩大银行协助自己业务活动方面的作用，并结识在那家银行工作的人员，就商业问题向他们求教。银行除了能提供资金上的帮助外，还可以给你出些主意。他们有良好的信息服务网，很容易得到全面的统计资料，而这些资料可以影响到中小企业的发展方向。银行都愿意向老客户提供信息，因为这是十分受欢迎的服务项目。

（2）与熟悉贷款业务的朋友一起去银行。

在向银行申请贷款时，如果能说服熟悉贷款业务的朋友陪你一起去，就一定不要放弃这种机会。银行中的职员很喜欢用业务术语与人谈话，或者使用一般门外汉不熟悉的行话，这时，通晓银行术语的朋友就显得尤为重要了。你无须因为听不懂而局促不安，你的朋友会代你回答一些较困难的问题，并向你解释其中的含义。

（3）要提早办理申请手续。

小本经营者很少能立即得到商业贷款，这是因为银行往往要做信用调查，并且认真研究整个贷款计划。如果无法接受较长时间的审核程序，那么获得贷款的机会就会付诸东流。因此，必须未雨绸缪，提前做出计划才行。

（4）进行自我推销。

在向银行提出贷款计划之前，首先应该介绍自己的情况。银行一旦认为你和你的公司值得信赖，那么具体的谈判也就容易了。要尽一切努力说服贷款银行相信你所经营的中小企业是在良好的运作，是具有发展潜力的。可以视具体情况把样品、照片、顾客对产品需要的文字介绍、权威人事的推荐信以及有助于获得贷款的任何资料带到银行去。

（5）申请贷款的数目超过自己的实际需要。

银行都是比较保守的，特别是涉及到资金有限的客户，不管申请多少数量的贷款，他们决定发放时，打点折扣都是十分可能的。如果预算表明，为了业务进展顺利，你需要某一数量的贷款，那么在申请时至少要比这一数目多填写30%的金额，才不至于失去预算。

（6）不要低声下气。

由于某些原因，一些经验不足的申请人往往把银行当作施主或恩人，因此把申请多少和寻找施舍等同看待。要知道，银行借钱给你时，并不是打算帮你忙，而是要同你做生意。你是贷款客户，借了钱是要付利息的。如果说帮忙的话，由于你的贷款增加了银行的生意，实际上是你帮了这家银行。因此，你在同银行职员打交道时，应当把他当作是需要你帮忙的生意人，而不是让自己显得是祈求他们施恩的商业生手。你应该记住：有银行的帮助也好，没有银行的帮助也好，你都能使自己梦想成真，都会使自己的生意兴旺。如果你不从这家银行借钱，也会从别的银行借到钱，这样你就会站在平等的地位上同银行对话。

(7) 不要隐瞒重要的事实。

银行能通过各种信息来源，了解到希望了解的内容。比如银行问你申请贷款是不是曾经遭到过拒绝，如果确实遭到过拒绝；就万不可认为说没有就可以保住面子。只要你申请过贷款，不管是否被接纳，申请书都会被保留下来，如果需要的话，检索是不会太困难的。

你可以表现得诚实坦率，向银行提供他们从别处也都可以了解的信息，这样，你就在他们心目中就建立了诚实可靠的形象。

(8) 要有一个深谋远虑的发展计划。

在争取贷款时，以上各条对你的成功都是十分重要的，但是本条却是决定性的。你要制定一份十分精细的业务发展规划，随时准备提交给银行审查，但大多数小本经营者却不能做到这一点。

深思熟虑的计划可以看做你未来生意成功的蓝图，它强迫你考虑中小企业运作的每一个细节。如果你是一位生意兴隆的小本经营者，那么不管你是否申请贷款，都会按蓝图办事的，而生意的成功就在于你对中小企业近期和长远的发展做出了完善的计划。

随同贷款申请一起提交的业务计划包括什么内容呢？公司特点、业务范围、固定资产及存货一览表、个人简历、中小企业运作情况、预计的资产负债表及经营报告（包括预计的现金流动及工资支出情况）、销售设想等等。

准备以上内容应当在称职的会计的协助下进行，因为会计在中小企业运作方面掌握不少供研究的统计资料，并能为我们的设想提出比较现实的分析。为银行提供一份有职业水平的计划，也就意味着为银行考虑贷款申请打下了坚实的基础。你最终留给银行的印象是：有责任感，可以信赖，不必承担太大风险，这样得到贷款的机会就增加了。

4.5 中小企业如何通过租赁融资

中小企业在谋取银行贷款、内部集资等筹融资手段外，还可以“借鸡生蛋”的方式开辟新的筹融资渠道，这就是租赁筹资。

现代租赁是以融通资金与融通物资相结合为特征的筹资方法。在这种租赁关系中，存在三个当事人，即出租人、承租人和供货人；要签订两个合同，即出租人和承租人签订的租赁合同和出租人与供货人签订的购买合同。在租赁合同关系中，承租人所需的租赁物件，由承租人自己选择，出租人不得干涉。承担人必须在约定的日期内按期向出租人缴纳租金，出租人通过收取租金，收回设备投资的全部或者大部分。在租期内，租赁物件所有权仍属于出租人，但使用权属于承租人，承租人在使用期内有负责设备的维修、保养、保管义务。租赁合同具有不可撤销性。

采取租赁融资形式，租赁双方一般能够享受到不同程度的税收优惠和由此带来的间接利益。因此，它尤其适合中小企业。

中小企业要让借来的鸡生个金蛋，需要利用各种有利条件，使租赁融资的优势能得到充分发挥。下面将介绍几种租赁筹资技法供中小企业老板参考。

1. 选择理想的租赁公司

有经验的中小企业会根据自己的需要，选择理想的租赁公司。理想的租赁公司应符合以下条件：

（1）资金力量雄厚，筹资能力强，筹资成本低，与国内外金融机构和设备供应商联系广泛、密切；

（2）办事效率高，资信状况好；

（3）有丰富的经验和较好的业绩；

（4）能提供多种多样的租赁“品种”；

（5）租金公平、合理；

（6）能够提供设备安装、检验、修理等方面的咨询、指导等一揽子服务；

（7）拥有较多的分支机构，能及时向企业提供多种多样的、方便的、快捷的服务。

2. 选择合适的租赁筹资形式

比较适合中小企业筹融资的租赁形式有金融租赁、经营租赁、维修租赁等。下面逐一介绍。

（1）金融租赁。是指企业需要购买某些设备而缺乏资金时，由出租人代其购进或租进所需设备，然后再出租给承租企业使用的租赁形式。金融租赁的期限一般较长，有的甚至相当于设备的寿命期，承担企业可根据企业的长期生产发展计划，充分利用租赁设备。金融租赁的资金要比经营租赁、维修租赁的租金低。采取这种形式，租赁公司不向承租企业提供维修服务，设备的保养、维修等等都需承租企业自己承担。

（2）经营租赁。是指出租人不仅向承租人出让设备的使用权，而且还负责设备的保养、维修、保险以及其他专门性技术服务的租赁融资形式。同金融租赁相比，经营租赁期限较短，租金较高，遇不可抗力，承租人可提前解约。对企业来说，采取这种租赁形式筹资的好处，是可以减少技术风险，获得各项优质服务。有些中小企业并不经常使用的设备，若要自己购买，要占用一大笔资金，而且在技术不断进步的条件下，设备很快过时，企业又得再购置新的设备，从而造成不必要的损失。鉴于此，很多中小企业对于这类非常用的设备都采取“租”的形式。由于租赁公司可以提供各种服务，因此设备的使用不会遇到多大的困难。

（3）维修租赁。是在狭义的金融租赁基础上附加各种维修项目的租赁融资形式。此种租赁对象以车辆为主。

3. 租金越低越好

为降低筹资成本，必须努力争取降低租金。租赁公司在计算租金时，考虑的主要因素是设备的购置成本、预计租赁期满后设备的残值、利息费、手续费。

$$\text{租金} = \text{设备购置成本} - \begin{matrix}\text{预计租赁期满}\\ \text{后设备的残值}\end{matrix} + \text{利息费} + \text{手续费}$$

在具体租金的计算方法上，租赁公司往往会耍花招使承租企业多付租金，中小企业应指派或聘请专家参加谈判，以免吃暗亏。

中小企业还可以在租金的支付方式上，巧妙安排以降低租金水平。如果按租金分期支付的时间划分，企业可以采取等额支付方式、递减支付方式、递增支付方式。在通货膨胀的条件下，企业应采取等额支付方式，以减少实际的租金支付；如果一般物价水平在未来时期会下降，货币升值，则企业应采取递减的支付方式，以此来减少实际的租金支付。

如果租金涉及货币币种选择，企业必须考虑不同种货币在未来的价格变化。企业应对不同货币未来价格变化进行分析，选定在未来会贬值的货币支付租金。如果企业不能准确判断不同货币价值未来的变化，就应争取以多种货币来支付租金。

4. 租赁时机选择要适当

时机选择，对企业以较低租金租用所需设备是相当重要的。时机选择恰当，企业不仅可以少付租金，而且可以得到租赁公司提供的免费服务。

有经验的企业，往往在经济不景气或设备投资需求下降时租用设备。这时，供应商的设备卖不出去，因而会降低对租赁公司的售价。企业可以充分利用这一有利条件压低租金，要求租赁公司提供免费服务。

5. 尽可能少地支付保证金

租赁公司在开办租赁业务时，要承担一定的风险，承担人不按合约支付租金就是风险之一。为避免或减轻这种违约风险，租赁公司大多要求承租企业支付一定的保证金。作为企业的最佳选择，应是争取不付保证金；次佳选择，是争取少付保证金。

保证金数额一般是按租赁设备价款的一定比率确定的，是租赁设备价款同保证金比率的乘积。保证金比率作为一个弹性很大的指标，每提高1个百分点，企业将多付很多保证金。企业一定要争取降低保证金的比率，这是减少保证金数额的重要一环。保证金一般不是在签约之日立即支付，而是签订了租赁合同后某一时间缴付。对承租企业而言，缴付时间越是提前，实际支付量就越多，所受损失就越大。因此，企业尽可能延迟缴付保证金时间。

企业还要注意租赁公司计算保证金的方法，防止租赁公司在计算方法上要花招。

6. 善于防范和化解租赁融资风险

租赁筹资是要冒一定风险的，怎样防范和化解这种风险，最大限度地减轻损失？以下几种方法可供借鉴。

（1）降低信用风险。

应择优选择租赁公司。对各种可能遇到的信用风险进行详尽的考虑，签订合同时应明确租赁公司违约所承担的责任和承担责任的方式。

（2）降低利率风险。

一种方法是以浮动利率计付利息，若市场利率下降，企业可以减少租金支付；另一种方法是进行利率调换，即将同一种货币的利率债务进行对双方有利的交换，从而避免因市场利率下降而使企业多付利息。

（3）降低自然灾害风险。

企业最适宜的做法是向保险公司投保，这样，即使因自然灾害造成损失，企业也可以得到全部或部分的经济补偿。

（4）避免税务风险。

企业应争取在租赁合同中以专门条款列出税收政策变化时，租金应做相应的调整，从而可与租赁公司共同承担税收风险，减轻损失。

（5）降低技术风险。

一是要在租赁期内加速使用租赁设备，充分利用生产设备；二是要将租赁期定得短一些，这样有利于企业在设备和生产工艺落后时再行续租。即使在租赁期内发生设备贬值，企业损失也比较小；三是在租赁合同条款中应规定：一旦租赁设备贬值，企业租金应相对减少。

4.6 中小企业如何抓住“投资机遇”

市场中的机遇可谓稍纵即逝，有人说现在市场中已没有什么投资热点了，做别人的跟班，没什么好处。真的这样吗？

一位朋友快30岁时就通过他聪明的头脑和敏锐的观察力赚得了一大笔钱，他认为这一辈子他都花不完了，于是他打算实现其年轻时的梦想——在一所中学做棒球队老师。这份工作的薪水在美国并不算高。一天，一个年轻人向他抱怨，说现在根本没有年轻人实践的空间，市场已经饱和了。这位朋友问他：“真的吗？”又说：“让我做给你看。”几年后，他又成为一名投资银行家，向这个中学生证明了“不要总强调客观，关键是看自己的判断力”。抓住可能的机遇是进行投资的第一步。通俗地说就是首先要对市场有什么，缺少什么，自己能干什么，有什么系统的把握。

（1）市场中已有什么样的产品？已有什么样的经营方式？

投资不能仅被理解为产品、生产线的投资，还可以理解为销售方式，经营方式的投资。中小企业首先要有宽阔的视野，了解到市场中已有什么样的产品，这些产品对消费者起到什么样的作用，公司用的销售方式、管理方式是什么样的，与目前产品的销售是否匹配。

（2）市场缺少什么样的产品？原有产品的销售方式，公司的经营管理方式需要什么样的改进？

在了解了市场有什么的基础上，还需了解市场上缺什么。而很多新的构想就是在第一步的基础之上产生的。比如互联网产生之后，就有人想到是否可以利用互联网进行产品销售呢？这么不就增加一条产品销售的渠道吗？于是电子商务也就应运而生。对中小企业而言，了解到市场缺少什么样的产品也并非一件容易的事，需要具备一定的前瞻性。目前市场营销存在一条新的理念，如果市场上没有需求，我们就生产出一种产品勾起人们的需求。因为人们的潜在需求有时自己也不大清楚，这就需要有洞察力、有魄力的人及时地发现了。

（3）如何将这一发现转变为现实？

在拥有了很好的构想之后就需要周密地考虑一下如何将这些美好

的构想化为现实。要知道在市场中很可能同时有几个人都有这种构想，接下来的就是看谁动手快，看谁能抢占市场了。当然有时做第一是要背负很大风险的，而市场的竞争也往往是后来者居上，因此这时中小企业就要做一个判断，是做领头羊，还是做跟随者。

这里还要顺便提一下，有的中小企业为了引入科学的管理方法，很信赖市场调查来获取消费者的需求信息。但是正如前面提到的，消费者有时自己都不知道自己缺什么，这种问卷调查的方式在此时就是失效的。此处有些产品的开发过程也不需要做前期市场调查，如全新高科技产品的问市，但可以根据情况做上市后的市场调查。总之，机遇有时需要用灵感去捕捉，而不是一些程序化的东西。当然，中小企业有必要根据产品的实际情况做出相应的决定。

抓住机遇思维模式如图 4－2 所示。

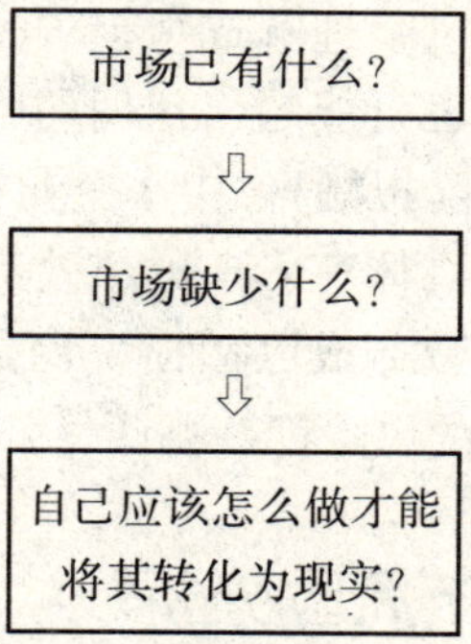

图 4－2　抓住机遇思维模式

4.7 中小企业如何分析防范投资风险

当你花2元钱买一张体育彩票时，你是否肯定你一定能中奖呢?当然不能。你当然清楚购买彩票是存在风险的，你之所以欣然购买，是因为你认为这点儿风险你还是可以承受的。

什么是风险呢?其一种行为的结果具有多种可能而又不确定就叫做风险。有的人片面地将风险理解成为损失是不正确的。风险的存在可能会超出预期的损失，也可能超出预期的收益，后者在经济学中往往被称为风险价值（即风险报酬）。中小企业在进行投资时当然会面对风险，这时的风险可不像买体育彩票的风险那么简单，投资成功会带来超额收益；投资一旦失败造成巨额损失也是在所难免。我们以投资金融资产为例，看看投资的风险都有哪些，公司应如何防范。

1. 投资金融资产风险分析

（1）违约风险。

违约风险即证券发行人无法按期支付利息或偿还本金的风险。一般而言，政府发行的证券违约风险小，金融机构发行的证券次之，工商企业发行的证券风险较大。

（2）利率风险。

由于利息率的变动而引起证券价格波动，使投资人遭受损失的风险叫利息率风险。我们知道，证券的价格是随着利息率的变动而变动的。一般而言，银行的利率下降，则证券价格上升；银行利率上升，则证券价格下降。不同期限的证券其利息率风险也不一样，证券的期限越长，利息率风险越大。这很简单，如果你现在买进10年期债券，假设利率是5%，而10年后市场利率变为15%；或在10年之间，市场利率有几次大的涨幅，对你而言都会是一种风险。

（3）购买力风险。

由于发生通货膨胀而使证券到期或出售时货币所获得的资金购买力降低的风险称为购买力风险。在通货膨胀时期，购买力风险对投资者有着极为重要的影响。在通货膨胀发生时期变动收益证券比固定收益证券要好很多。因此，普通股被认为比公司债券和其他固定收入的证券能更好的避免购买力风险。

（4）流动性风险。

流动性风险即投资人想出售有价证券获取现金而证券又不能立即出售的风险。如果一种资产在较短的时期内按市价大量出售，说明这种资产的流动性较高；反之，这种资产的流动性较小。流动性高的资产风险较小，流动性低的资产风险较大。比如公司面临偿还大量债务，而公司的资产都表现为非流动资产，变现能力很差，纵使有几亿元资产，也有可能面临破产。

（5）期限性风险。

由于证券期限长给投资人带来的风险，叫期限性风险。一项投资，到期日越长，投资人遭受的不确定性因素就越多，承担的风险也就越大。例如，同一家企业的10年期债券的风险要远远的大于1年期债券的风险，因为没有人能确切地预测到10年之后这家企业会变成什么样。

2. 证券市场投资风险防范的技巧

（1）分析被投资公司的财务状况。

一个公司经营风险的强弱，可由该公司收益增长的稳定性与否看出来。如果公司收益中增长的稳定性越大，投资者预期的股息收益就会越准确，公司股票经营风险相对也较小。对公司财务状况进行分析也是分析该公司可持续发展的潜力。有些ST的公司虽然在短期看股票价格标升很快，但长期运营下去，除非进行有效的资产重组，否则公司的前景并不值得乐观。

此外，在分析财务状况时，还应注意其盈利结构的分析，比如公司的盈利主要由其他业务收入或投资收益获得的，并不能说明在今后几年中这种盈利状态还能保持。总之，对被投资公司财务状况的分析可以列为一个专门研究的领域。

（2）把握价格变动趋势。

金融资产的价格不光受公司财务状况的影响，其中也包括炒作的因素。西方对于单纯股票价格变动规律研究的也是很多，如K线图，缺口理论等等。通过研究这些理论，把握价格运动的规律对于中小企业投资于金融资产并避免一部分风险也是大有帮助的。

（3）选择合理的投资期。

公司的经营状况从总体上来说呈现一定的周期性。同样，在经济蓬勃发展之时，股市交易活跃，在经济趋于下滑时，股市也较为冷清。而且股票市场和其他市场也呈一种反向变化。在中国当股市繁荣时，大量资金涌入股市，而邮市相对冷清；股市轻淡时，大量资金涌入邮市，于是邮市又火起来。中小企业要想进行金融资产的投资首先要选择一个合适的投资时期。

(4) 投资结构的合理化。

俗话说，“鸡蛋不要都放在一个篮子里”。股票投资亦是如此。在投资时注意投资的结构，进行合理的搭配可以有效的降低风险。比如在购买高科技公司股票的同时可以购买一些经营稳健、分红派息稳定的公司的股票，以防止前者股价暴跌时，公司没有其他盈利的金融资产。

3. 固定资产投资的风险与防范

固定资产投资的风险当然不会向金融资产的风险一般变动频繁，但由于固定资产投资占用的资金量大，对公司而言，很可能“一着棋差，满盘皆输。”

固定资产投资的风险是多方面的，如政策风险、行业风险、融资风险、管理风险等等，因此风险的防范也就更具复杂性。到问题真正发生时再来采取措施往往已经来不及了，这就需要在制定投资计划时具有一定的前瞻性。

第5章　中小企业的资本成本与资本结构控制

5.1　什么是资本成本

资本成本是筹资管理的基本依据，在资本结构决策中起着重要作用。

1. 资本成本概念

资本成本，也称资金成本，是指为筹集和使用资金而付出的代价。广义上讲，企业筹集和使用任何短期和长期资金，都要付出代价，都存在资本成本，但通常讲资本结构时，资本成本仅指筹集和使用长期资金的成本。

（1）资本成本包括筹资费用和用资费用两部分：

①筹资费用。筹资费用是指在资金筹集过程中为筹集资金而一次性支付的费用，如办理借款时支付的手续费等。它与用资数量多少及用资时间长短没有直接关系，属于固定性费用，可视为筹资数额的一项扣除。

②用资费用。用资费用是指在资金使用过程中为资金使用而经常性发生的费用，如股票的股息、银行借款和发行债券的利息等，通常，这是资本成本中的主要部分。用资费用是资金使用过程中时时刻刻发生的应付费用，但通常分段定期支付。用资费用是使用后支付，所以不影响筹资数额。正常盈利情况下，用资费用是资金使用者在产生利润后酬谢资金提供者的费用。

（2）为了便于分析比较，通常资本成本用相对数表示：

$$K=\frac{D}{p-f}$$

$$K=\frac{D}{P\ (1-F)}$$

式中：

K 为资本成本；

D 为用资费用；

P 为筹资金额；

f 为筹资费用；

F 为筹资费用率。

2. 资本成本的意义

资本成本是一个重要的财务概念，对于比较筹资方式、选择筹资方案、评价投资项目和衡量经营业绩都有重要意义。

(1) 资本成本是比较筹资方式、决策筹资组合方案、选择追加筹资方案的依据。其内容如下：

①个别资本成本是比较各种筹资方式优劣的尺度。长期资金的筹集有多种方式可以选择，可以把不同筹资方式的个别资本成本作为比较的指标之一。

②综合资本成本是决策筹资组合方案的依据。企业长期资金通常是采用多种方式筹资组合构成的，这种方案选择的决策就是通过比较综合资本成本和研究资本结构进行的。

③边际资本成本是比较选择追加筹资方案的依据，企业为了扩大经营规模、增加投资金额而选择追加筹资方案时，采用边际资本成本作为比较依据。

(2) 资本成本是评价投资项目、比较投资方案和追加投资决策的标准。

一个投资项目，投资报酬率必须高于资本成本率，经济上才是可行的。否则，该投资项目无利可图，甚至亏本，所以可以将资本成本视为最低报酬率，作为投资项目的取舍标准。因此，在项目可行性分析中，可将资本成本作为贴现率来计算投资方案的现金流量现值、净现值指数。

资本成本是衡量企业经营业绩的基准，如果企业经营的利润高于资本成本，应当认为经营得好；反之，应当认为企业经营不善，必须改进。

5.2 资本成本对企业经营有何影响

我们可以计算整个企业的加权平均资金成本，但有一点我们应记清，那就是资金成本具有项目特性。我们可把一个项目看做一个独立的企业，具有单独的资产负债表，然后问一下投资者如何评价该企业的市场价值。像其他企业一样，投资者会以能反映企业经营风险和融资风险的贴现率把项目期望现金流贴现来确定企业的价值。

投资者要求期望收益抵消经营风险，要求达到其他具有类似业务企业的收益水平。他们也会考虑这个项目所能采用的负债和权益融资比例。原则上，每个项目都具有自身的加权平均资金成本。对一个“一般”项目，如主产品线生产能力的扩大项目，其资金成本可能同整个企业的资金成本相等，然而，如果是一个引进全新产品的项目，期望收益同企业的加权平均资金成本之间的差异将十分显著。

通过单独对项目进行分析，经理们可以避免两个常见的错误。第一个是将企业综合的资金成本应用到所有项目中。像对待可交换证券一样，经理对待投资项目要注意风险与收益间的权衡。高风险意味着高收益，反过来也一样。这样资本支出分析就需要验证项目的期望收益能否补偿风险。假如我们有一系列可能项目的名单，按风险高低排列，那么企业综合 *WACC* 去贴现每个项目的现金流，就会出现这样一个结果：低于平均风险和收益的项目出现小的 *NPV*，而高风险、高收益的项目会有大的 *NPV* 值。这样，用单一资金成本通过净现值原则来进行项目评价的企业就会产生一种高风险倾向。如果我们采用单独项目风险估算，使资金成本与其风险相符，这种倾向就会避免。

第二个常见错误是把实际上来自整个企业的债务能力归向某一个项目。因为企业的利息是免税的，一定数量的借款融资通常被认为是降低了资金成本。这至少使融资风险变得令人难以接受。假如一个没有债务的企业评价一个项目，按照该企业的较低的财务杠杆的资本结构，管理者认为可以进行完全债务融资，于是认定项目的 *WACC* 等于债务成本。在这种情况下，实际上犯了一个错误，原因就是项目自身并不能支持 100% 债务。事实上，管理部门评估时把专用的企业其他资产的债务能力也用上了。无论是否实施这个项目，企业都具有支持更多债务的能力。因为债务能力不分具体项目，故错误地采用100%的债务融资的分析意见。我们需要更准确的计算程序，将其不承担的债务分配到具体项目上。

5.3 如何计算债务融资的成本

对外举债是企业常见的筹资方式，尤其是筹集短期资金时，银行的短期借款的比重非常的大，并且企业向银行借入的长期贷款在长期资金的比重也不小，这主要是因为财务杠杆作用的存在，企业都愿意在一定的财务风险限度内，充分利用财务杠杆作用，增加企业的价值。企业的债务主要包括长期借款和发行的债券。

债务成本的特点是利息允许在所得税前列支，即债务利息不缴所得税，因此，债务利息引起的企业实际负担为：

利息 − 利息 × 所得税率 = 利息 ×（1 − 所得税率）

1. 长期借款成本

$$D_t = I_t\ (1-T)$$

所以长期借款的资本成本为：

$$K_t = \frac{I_t\ (1-T)}{L\ (1-F_t)}$$

式中，K_t 为长期借款成本；D_t 为长期借款用资费用；It 为长期借款年利息；T 为所得税税率；L 为长期借款筹资额，即借款本金；Ft 为长期借款筹资费用率。

该公式也可写为：

$$K_t = \frac{R_t\ (1-T)}{(1-F_t)}$$

式中，R_t 为长期借款年利率。

在长期借款附加有补偿性余额条款的情况下，长期借款筹资额应扣除补偿性余额，这时长期借款成本将会增大。

长期借款的筹资费用主要是借款手续费，数额很小时可以略去不计。

$$K_t = R_t\ (1-T)$$

例

某企业取得3年期长期借款300万元，年利率12%，每年付息一次，到期一次还本，筹集借款的费用率为0.2%，企业所得税税率为25%，这笔长期借款的资金成本是多少？

$$\frac{12\% \times (1-25\%)}{1-0.2\%}=9.0\%$$

或略去筹资费用率，$12\% \times (1-25\%)=9\%$

2. 债券成本

债券成本与长期借款相比较，相同点是利息也在所得税前列支，不同点是债券的筹资费用较高而不可忽略，并且债券利率通常高于长期借款利率。因此，债券成本一般高于长期借款成本。

债券成本的计算公式为：

$$K_b=\frac{I_b(1-T)}{B(1-F_b)}$$

式中，K_b 为债券成本；I_b 为债券年利息；T 为所得税税率；B 为债券筹资额，按发行价格确定；F_b 为债券筹资费用率。

债券筹资额按发行价格确定，发行价格有平价、溢价、折价3种。债券利息按面额即本金和票面利率确定，债券筹资费用即债券发行费用，包括申请发行债券的手续费，债券的注册费、印刷费、上市费以及推销费用等。

例

某企业发行总面额为500万元的债券，票面利率为14%，发行总价格为560万元，发行费用占发行总价格的5%，企业所得税税率为25%。试计算企业发行债券的资金成本。这是溢价发行情况。

成本为：$\frac{500\times 14\% \times (1-25\%)}{560\times (1-5\%)}=9.87\%$

如按平价发行，成本为：$\frac{500\times 14\% \times (1-25\%)}{500\times (1-5\%)}=11.05\%$

如按折价总价格450万元发行，成本为：

$$\frac{500\times 14\% \times (1-25\%)}{450\times (1-5\%)}=12.28\%$$

5.4 如何计算企业的权益性资本

权益性资本指企业所有者权益，对股份企业而言主要是优先股和普通股。权益资本的共同特点是利息在所得税后的净利润中列支，不会减少企业应缴的所得税。因此，权益资本的用资费用就是利息。

1. 优先股成本

优先股成本计算公式为：

$$K_p = \frac{D_p}{P_p\ (1 - F_p)}$$

式中，K_p 为优先股成本；D_p 为优先股年股利；P_p 为优先股筹资额；F_p 为优先股筹资费用率。

优先股股利通常是固定的，筹资总额按优先股的发行价格确定。

例 某企业发行优先股总面额为100万元，总价格130万元，规定年股利率为15%，筹资费用为6万元。该批优先股成本是多少？

$$\frac{100 \times 15\%}{130 - 6} = 12.1\%$$

通常，优先股成本明显高于债券成本。这是由于以下两个原因：

(1) 优先股股利在所得税后支付，而债券利息在所得税前支付；

(2) 企业破产清算时，优先股持有人的求偿权在债券持有人之后，风险大于债券。

2. 普通股成本

普通股成本的确定方法，与优先股成本基本相同。不同点在于普通股股利一般不是固定的，而是逐渐增长。

分析计算中，通常假定普通股股利每年以固定比率增长，设普通

股每年年利为 D_1、D_2、……D_n，则股票市价即筹资数额应为：

$$P_c = \frac{D_1}{(1+K_c)} + \frac{D_2}{(1+K_c)^2} + \cdots + \frac{D_\infty}{(1+K_c)^\infty}$$

$$= \sum_{t=1}^{\infty} \frac{D_t}{(1+K_c)^t}$$

式中：P_c 代表普通股现值，即发行价格；D_t 代表第 t 期（年）支付的股利；K_c 代表普通股成本。

实际工作中，如果每年股利固定不变，假定为 D，则可视为永续年金。这时普通股成本计算公式可简化为：

$$K_c = \frac{D}{P_c}$$

若普通股筹资费用率为 F_c 时则有：

$$K_c = \frac{D}{P_c(1-F_c)}$$

式中，Kc 为普通股成本；D 为普通股股利；P_c 为普通股现值，即发行价格；F_c 为普通股筹资费用率。

实际上许多公司的股利都是不断增加的，若假设每年增长率为 G，则普通股成本的计算公式为：

$$K_c = \frac{D_1}{P_c(1-F_c)} + G$$

式中，D_1 为第 1 年的股利；G 为股利年增长率。

3. 留用利润

留用利润是企业所得税后利润形成的，所有权属于普通股股东，实质上相当于股东对企业的追加投资，因此与普通股资本成本的计算基本相同，只是无须筹资费用，留用利润成本的计算公式为：$K_r = D_1/P_r + G$ 式中，K_r 为留用利润成本；P_r 为留用利润数额；D_1 为普通股第 1 年股利；G 为普通股股利年增长率。在企业全部资本中，普通股和留用利润这两项对于投资者来讲风险最大，所要求的报酬率相应最高，因此筹资的资金成本也最高。

以上关于权益资本成本的论述是针对股份企业而言的，一般非股份企业的权益资本的资本成本另当别论，一般企业的权益成本主要由于吸收的直接投资和留用利润均不能在证券市场上交易，无法形成公平的交易价格，吸收投资的协议或合同有的约定有固定的分利比率，比较类似于股份企业的优先股；有的没有约定固定分利比率，资金成本的确定还有待研究。

5.5 企业的资本总成本是如何计算出来的

资本总成本是指企业长期资金总体的成本，等于各种长期资金的个别资本成本以其占企业长期资金的比重为权数的加权平均数，所以也称加权平均资本成本。资本总成本的计算公式为：

$$K_w = \sum_{i=1}^{n} K_i W_i$$

式中，K_w 为资本总成本；K_i 为第 i 种个别资本成本；W_i 为第 i 种长期资金占企业总长期资金的比重，即权数；n 为企业长期资金的种类总数。

需要特别指出的是，计算综合资本成本所用的权数 W_i 有 3 种：

（1）账面价值权数。

按账面价值确定权数，易于从资产负债表上直接取得资料。但当债券、股票的市场价值偏离账面价值较多时，计算结果偏差太大。

（2）市场价值权数。

按债券、股票的市场价值确定权数，能反映当前的实际情况。但当证券市场价格波动频繁剧烈时，不易选用。

（3）目标价值权数。

按债券、股票的未来预计的目标市场价值确定权数，能够体现期望的资本结构。但实际上客观合理地确定目标价值权数，是一件颇为困难的事情。

目前在实际工作中，三种权数都有应用。

例 某企业共有长期资金账面价值共1 000 万元，其中长期借款100 万元、债券 250 万元、普通股 350 万元、留用利润200 万元，其成本分别为 5.65%、7.00%、10.63%、15.80%、15.15%。求该企业的综合资本成本。

分两步计算：

第一步，计算各种资金的权数。

长期借款：　　$W_t = \frac{100}{1\ 000} = 0.1$

债券：　　$W_b = \frac{250}{1\ 000} = 0.25$

优先股：　　$W_k = \frac{100}{1\ 000} = 0.1$

普通股：　　$W_d = \frac{350}{1\ 000} = 0.35$

留用利润：　　$W_r = \frac{200}{1\ 000} = 0.2$

第二步，计算加权平均资本成本。

$$K_w = 5.65\% \times 0.1 + 7\% \times 0.25 + 10.63\% \times 0.1 + 15.8\% \times 0.35 + 15.15\% \times 0.2 = 11.94\%$$

5.6 如何确定企业的经营杠杆系数

杠杆利益是指企业的固定成本和债务资金所带来的利益放大，这种放大作用类似力学中的杠杆原理，故称这类利益放大的好处为杠杆利益。存在这类杠杆利益的同时，也存在着相关的风险。在企业筹资管理中，进行资本结构决策时涉及这类杠杆利益及风险。

这类杠杆有营业杠杆、财务杠杆以及两者综合的联合杠杆，也称总杠杆。

1. 营业杠杆

营业杠杆，又称营运杠杆或经营杠杆，是指企业经营中固定成本的杠杆作用。由于固定成本的存在，企业能够获得一定的营业杠杆利益，同时也承受相应的营业风险。营业杠杆的利益和风险，均可用营业杠杆系数来衡量。

(1) 营业杠杆利益。

营业杠杆利益是指由于固定成本这个营业杠杆的存在，企业经营的息税前利润增长变动率高于销售额的增长变动率而获得的额外利益。这种放大作用，意味着随着销售额的增长，息税前利润会以更快的速度增长。

营业杠杆的这种正向放大作用可以这样来理解：如果经营成本全部都是变动成本，即不存在固定成本，那么销售额增长时，经营成本必以相同变动率增长，当然息税前利润也会以相同变动率增长。这种情况就是：固定成本杠杆不存在，正向放大作用也就不存在。但实际上，经营成本中总会存在一定的固定成本，不随销售额变动。因此，销售额增长时，经营成本必以较低的变动率增长，这便导致息税前利润增长的变动率高于销售额增长的变动率。见表 5 - 1：

表 5-1　　　　　　某企业数据表

销售额（1）	变动成本（2）	固定成本（3）	息税前利润(4)=(1)-(2)-(3)
100	60	30	10
150	90	30	30
200	120	30	50

从表中看出，由于固定成本 30 万元的存在，当销售额从 100 万元以 1.5 和 2.0 的变动率增至 150 万元和 200 万元时，虽然变动成本也以 1.5 和 2.0 的变动率从 60 万元增至 90 万元和 120 万元，但总的经营成本却是从 60+30=90（万元）增至 90+30=120（万元）和 120+30=150（万元），变动率分别为 120/90=1.33 和 150/90=1.66，低于销售额增长的变动率。这样，息税前得到了额外的增长。当销售额从 100 万元增至 150 万元即为 1.5 时，息税前利润从 10 万元增至 30 万元，变动率为 3；销售额从 100 万元增至 200 万元即变动率为 2.0 时，息税从 10 万元增至 50 万元，变动率为 5。

（2）营业杠杆系数。

从上面的例子，我们能够从感性上认识到这种“杠杆原理”的存在，下面我们从理论上来分析它，这样可以帮助经营者更全的认识这一理论。营业杠杆的放大作用可以从息税前利润的表达式分析：

$$EBIT = Q\ (P - V)\ - F = S\ (1 - \frac{V}{P})\ - F$$

式中：

$EBIT$ 为息税前利润；

Q 为销售量；

P 为单位售价；

V 为单位变动成本；

F 为固定成本；

S 为销售额，$S = Q \times P$。

当销售额变动时，其他条件不变，则息税前利润的变动量为：

$$\Delta EBIT = \ (1 - \frac{V}{P})\ \Delta S$$

于是：

$$\frac{\Delta EBIT}{EBIT} = \frac{(1 - \frac{V}{P})\ \Delta S}{S\ (1 - \frac{V}{P})\ - F}$$

$$=\frac{\Delta S}{S}\frac{S\left(1-\frac{V}{P}\right)}{S\left(1-\frac{V}{P}\right)-F}$$

$$=\frac{\Delta S}{S}\frac{Q(P-V)}{Q(P-V)-F}$$

$$=\frac{\Delta S}{S}\cdot DOL$$

上式中 DOL，就是营业杠杆的放大倍数，称为营业杠杆系数。所以，营业杠杆系数，是息税前利润变动率与销售额变动率的比值。营业杠杆系数的定义式为：

$$DOL=\frac{\Delta EBIT/EBIT}{\Delta S/S}$$

具体的表达式为：

$$DOL=\frac{S\left(1-\frac{V}{P}\right)}{S\left(1-\frac{V}{P}\right)-F}$$

或者写成：

$$DOL=\frac{EBIT+F}{EBIT}$$

$$DOL=\frac{Q(P-V)}{Q(P-V)-F}$$

$$DOL=\frac{S-VC}{S-VC-F}$$

式中，$VC=QV$ 为变动成本，其余符号意义同前。显然，因分母小于分子，肯定有 $DOL>1$。

2. 营业风险

当销售额增长时，息税前利润会以营业杠杆系数的放大倍数更快地增长，获得营业杠杆利益。但是如果反方向考虑，当销售额下降时，显然息税前利润也会更快地下降，这种反向放大的放大倍数也以营业杠杆系数表示。由于固定成本这个营业杠杆的存在，息税前利润下降变动率高于销售额下降变动率给企业带来的风险，称为营业风险，也称营运风险或经营风险。

营业杠杆系数不仅反映营业杠杆利益的大小，而且也反映营业风险的大小。从营业杠杆系数的表达式看出，影响营业风险的因素有：

（1）营业杠杆，即固定成本 F。

F 越大，分母比分子越小，营业杠杆系数 *DOL* 越大，风险越大。反之，风险小。

（2）销售量 *Q*。

Q 越大，分子和分母的差别相对越小，*DOL* 越小，营业风险越小。反之，风险越大。

（3）单位售价 *P*。

P 越大，分子和分母差别相对越小，*DOL* 越小，营业风险越小。反之，风险越大。

（4）单位变动成本 *V*。

V 越小，分子和分母差别相对越小，*DOL* 越小，营业风险越小。反之，风险越大。

综合来看，*F* 越大，*V* 越大，*Q* 和 *P* 越小，营业风险越大。也就是说，企业经营成本中固定成本比例越大，销售额越小，营业风险越大。其中，固定成本 *F* 是最重要、最基本的因素。可以看出，营业风险大，对应于营业杠杆系数大，其实也正是营业杠杆利益大的情况，关键要看营业上销售额的发展趋势。利益和风险毕竟是共存的，企业在获取营业杠杆利益的同时，也潜伏着营业风险的问题，在利益和风险之间应当做出适当的权衡。

例 某企业固定成本为 120 万元，销售额为 580 万元时，变动成本为 400 万元，求营业杠杆系数。

$$DOL = \frac{S - VC}{S - VC - F} = \frac{580 - 400}{580 - 400 - 120} = 3$$

这意味着：销售额增长 1 倍时，息税前利润将增长 3 倍；反之，销售额下降 1 倍时，息税前利润将下降 3 倍。

5.7 怎样确定企业的财务杠杆系数

财务杠杆，又称筹资杠杆、融资杠杆、资本杠杆，是指企业筹资中债务资本的杠杆作用。由于债务资本的存在，企业能够获得一定的财务杠杆利益，同时也承受一定的财务风险。财务杠杆的利益和风险，均可用财务杠杆系数来衡量。

1. 财务杠杆利益

财务杠杆利益是指由于债务资本这个财务杠杆的存在，企业缴纳所得税后的税后利润增长变动率高于息税前利润增长变动率而获得的额外利益。这种放大作用，意味着随着息税前利润的增长，税后利润以更快的速度增长。

财务杠杆的这种正向放大作用可以这样来理解：如果经营资本全部都是自有资本，即不存在债务利息，那么当息税前利润增长时，由于所得税以相同变动率增长，所以税后利润也以相同变动率增长。这种情况就是：债务资本杠杆不存在，正向放大作用也就不存在。但实际上，经营资本中往往存在一定的债务资本，债务利息不像所得税那样随税息前利润变动，而是保持不变。因此，息税前利润增长时，息税之和必以较低的变动率增长，这便导致税后利润增长的变动率高于息税前利润的增长率。见表 5 - 2：

表 5 - 2　　某企业数据　　单位：万元

息税前利润 （1）	债务利息 （2）	所得税（25%） （3）=［（1）-（2）］×25%	税后利润 （4）=（1）-［（2）+（3）］
100	80	5	15
150	80	17.5	52.5
200	80	30	90

从表中可以很容易的发现，由于债务利息恒为 80 万元，当息税前

利润从 100 万元以 1.5 和 2.0 的变动率增至 150 万元和 200 万元时，息税之和从 80 + 5 = 85（万元）增至 80 + 17.5 = 97.5（万元）和 80 + 30 = 110（万元）。变动率为 97.5/85 = 1.15 和 110/85 = 1.29，低于 1.5 和 2.0。因此，税后利润就得到了额外的增长。息税前利润增长变动率为 1.5 和 2.0 时，税后利润增长变动率为 52.5/15 = 3.5 和 90/15 = 6。

2. 财务杠杆系数

财务杠杆的放大作用还可以从企业所有者拥有税后利润即普通股每股利润的表达式分析：

$$EPS = \frac{NP - PD}{N}$$

$$= \frac{(EBIT - I)(I - T) - PD}{N}$$

式中：

EPS 为普通股每股利润；

NP 为税后利润；

PD 为优先股股利，固定数额；

N 为普通股股数；

$EBIT$ 为息税前利润；

I 为债务利息；

T 为所得税税率 25%。

当其他条件不变，而息税前利润变动时，所引起的普通股每股利润变动额为：

$$\Delta EPS = \frac{(I - T)\ \Delta EBIT}{N}$$

每股利润的变动率为：

$$\frac{\Delta EPS}{EPS} = \frac{(I - T)\ \Delta EBIT}{N \cdot EPS}$$

$$= \frac{(I - T)\ \Delta EBIT}{(EBIT - I)(I - T) - PD}$$

其中，$\frac{EBIT}{EBIT - I}$的分子必大于分母，即必是一个大于 1 的数。这个公式表明，税后利润事项每股利润的变动率高于息税前利润的变动率。这个放大作用的财务杠杆系数的定义为：

$$EFL = \frac{\Delta EPS/EPS}{\Delta EBIT/EBIT}$$

财务杠杆系数的具体表达式为：

$$DFL=\frac{EBIT}{EBIT-I}>I$$

或者写成：

$$DFL=\frac{Q\ (P-V)\ -F}{Q\ (P-V)\ -F-I}$$

$$DFL=\frac{S-VC-F}{S-VC-F-I}$$

3. 财务风险

当息税前利润增长时，税后利润以财务杠杆系数为放大倍数更快地增长，获得财务杠杆利益。但是，如果反方向考虑，当息税前利润下降时，显然税后利润也会更快地下降，这种反向放大的放大倍数也以财务杠杆系数表示，由于债务资本这个财务杠杆的存在，税后利润下降变动率高于息税前利润下降变动率给企业带来的风险，称为财务风险，也称筹资风险、融资风险。

从财务杠杆系数的表达式看出，影响财务风险的因素有：

（1）财务杠杆，即债务资本和利率。

债务资本越多，利率越高，则债务利息 I 越大，致使财务杠杆系数越大，财务风险越大。因为一旦企业的生产经营活动受到偶然的不利因素的影响，企业将很容易陷入财务危机。

（2）获利能力，即息税前利润 EBIT。

销售量越大，售价越高，成本越低，即息税前利润 $EBIT=Q\ (P-V)\ -F$ 越大，使财务杠杆系数越小，财务风险越小。这一点也可以说明，企业在充分利用财务杠杆作用是可以采取的一种良性互动机制：企业适当提高财务杠杆系数，提高企业的盈利能力，提升息税前利润，然后在保持杠杆系数稳定的前提下，提高企业的负债率，促进 *EBIT* 的提高。

当然，财务杠杆是影响财务风险的基本因素。财务杠杆利益大时，财务杠杆系数也大，财务风险相应也增大。

例

某企业全部资本为 8 000 万元，其中债务资本为 3 500 万元，债务的利率为 14%，息税前利润为 980 万元，则该企业的财务杠杆应为：

$$EFL=\frac{EBIT}{EBIT-I}=\frac{980}{980-3\ 500\times14\%}=2$$

4. 联合杠杆

根据杠杆原理，营业杠杆是通过扩大销售额影响息税前利润，而财务杠杆是通过扩大息税前利润影响每股利润。这就是说，销售额变动对每股利润变动的影响，通过了两组放大，即营业杠杆和财务杠杆的综合影响。

营业杠杆和财务杠杆的综合杠杆作用，称为联合杠杆，又称总杠杆。联合杠杆利益和风险用联合杠杆系数或称总杠杆系数衡量，它是营业杠杆系数与财务杠杆系数的乘积：

$$
\begin{aligned}
DCL\text{ 或 }DTL &= DOL \cdot DFL \\
&= \frac{\Delta EBIT/EBIT}{\Delta S/S} \cdot \frac{\Delta EPS/EPS}{\Delta EBIT/EBIT} \\
&= \frac{\Delta EPS/EPS}{\Delta S/S}
\end{aligned}
$$

这也表示：联合杠杆系数是普通股每股利润变动率与销售额变动率的比值。

由营业杠杆系数和财务杠杆系数的表达式：

$$DOL = \frac{EBIT + F}{EBIT}$$

以及：

$$DFL = \frac{EBIT}{EBIT - I}$$

可以得出：

$$
\begin{aligned}
DCL\text{ 或 }DTL &= \frac{EBIT + F}{EBIT} \cdot \frac{EBIT}{EBIT - I} \\
&= \frac{EBIT + F}{EBIT - I} \\
&= \frac{Q\ (P - V)}{Q\ (P - V)\ - F - I} \\
&= \frac{S - VC)}{S - VC - F - I}
\end{aligned}
$$

例 天龙企业固定成本 600 万元，债务利息 200 万元，销售额 3 000 万元，变动成本 1 500 万元，求营业杠杆系数、财务杠杆系数和联合杠杆系数。

$$EBIT = 3\ 000 - 1\ 500 - 600 = 900\text{（万元）}$$

$$DOL = \frac{900 + 600}{900} = 1.67$$

$$DFL=\frac{900}{900-200}=1.286$$

$$DTL=\frac{900+600}{900-200}=2.143$$

5.8 财务杠杆系数有什么作用

事物总是矛盾的，杠杆原理的作用可以提高企业的收益水平，使企业在相同的经营效率条件下，通过合理的资本结构的安排提高企业的价值，这仅仅是问题的一方面。问题的另一方面是经营者所不愿看到的：随着企业利用财务、经营杠杆的深入，企业的财务风险和经营风险也同时加剧。这就是人们常将杠杆原理称为一把“双刃剑”的原因。对于经营者而言，全面了解杠杆原理的利弊，经营者可以权衡收益与风险，在两者之间找到平衡点。

为了清晰地说明企业在利用杠杆原理的过程中，企业所承担的风险的变化，让我们来看一下天龙企业的例子。

表 5－3 列示了天龙企业（假定已购置了第二艘游艇，且所有收益都以股利形式分配给股东）在不同盈利水平下上述两种融资方式的年度每股股利金额。

当每艘游艇的年度收益超过 100 000 英镑时，采用债券融资所获得的股东权益报酬率高于全部以股票融资所得的股东权益报酬率。但当每艘游艇的年度收益低于 100 000 英镑时，债务资本的存在降低了股东的财富。实际上，如果每艘游艇的年度收益低于 50 000 英镑，企业将没有足够的盈利用于支付利息；该企业如果没有其他资产，将不得不变卖其游艇以支付利息。

表 5－3　　不同盈利水平下天龙企业两种财务结构的每股收益　单位：英镑

(a)每艘游艇的年度预期收益全部为股东权益	0	50 000	100 000	150 000	200 000
(b)总收益 [(a)×2]	0	100 000	200 000	300 000	400 000
(c)每股收益 [(b)÷2 000 000]	0	0.05	0.10	0.15	0.20
50%的债务资本 (d)总收益 [(a)×2]	0	100 000	200 000	300 000	400 000

续表

(e)减:利息 (100 万 ×10%)	100 000	100 000	100 000	100 000	100 000
(f)净收益	100 000	0	100 000	200 000	300 000
(g)每股收益 [(f)/100 000]	0	0	0.10	0.20	0.30

无论实际盈利水平如何，债券持有者都能够对形势做出冷静的判断。毕竟，他们不仅在法律上有权要求支付利息并偿还本金，而且其债权还有游艇作抵押。只有当游艇的市场价值发生大损失时，债权持有者和利益才会受到严重威胁。

股东所承担的风险在企业具有多种类型资本时明显要高于企业仅有股东权益资本时，现实投资活动中的正常风险包括经营风险及由于承担类似于表 5－3 中所示的固定费用而导致的财务风险。

图 5－1 显示了财务风险与经营风险在不同的盈利水平下的关系。经营风险的大小取决于企业的投资业务领域，财务风险的大小则取决于企业的资本构成。

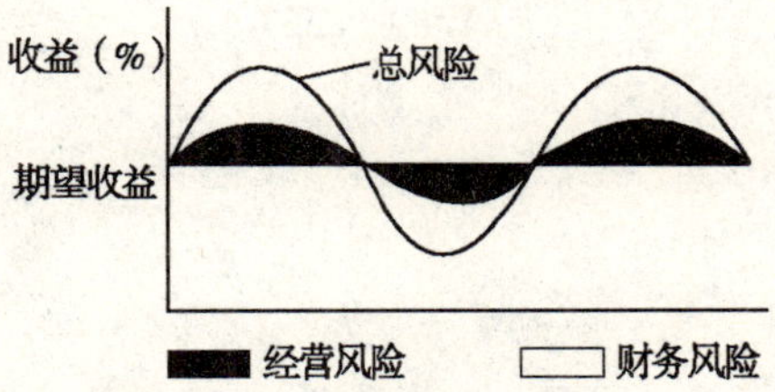

图 5－1　财务风险与经营风险的关系

财务杠杆加大了权益报酬的波动。权益报酬率的波动是与经营风险相关的，财务杠杆增加了财务风险对权益报酬率的影响。直觉及现代资产组合理论都告诉我们，风险水平与报酬水平是相关的。投资者承担的风险越高，所要求的投资报酬率也就越高，因此，在上述例子中，资本结构的变化虽然使普通股每股收益上升，但这并不一定会使股票价格上升（因而股东财富也不一定会增加）。预期股利的增长会导致各种各样的结果。

债务资本融资造成的众多可能性对股东投资报酬率而言并非都是坏事。例如，表 5－3 显示，对天龙企业而言，只要每艘游艇每年的出租收益高于 100 000 英镑，普通股的股利就会增加。然而，绝大多数投资者是风险回避者，也就是说，他们更关注于每艘游艇年度收益低于 100 000 英镑的可能性而不是高于100 000英镑的可能性。

只有当企业发行债券并购入第二艘游艇之后，资本市场对其股票重新评估和定价的结果使得预期收益率低于18%，债务资本的引入才会使股东更富有。

企业扩大规模之前，普通股的市场预期投资报酬率为14%。如果在企业扩大规模之后由于风险的增加而使期望报酬率上升到16%，则每股价格将变为：

$$\sum_{n=1}^{\infty}\frac{0.18}{(1+0.16)^{n}}=1.125$$

另一方面，如果风险的增加导致市场要求的预期报酬率提高到20%，则每股价格将变为：

$$\sum_{n=1}^{\infty}\frac{0.18}{(1+0.20)^{n}}=0.90$$

换一个角度来看，采用债务资本是否会降低加权平均资本（WACC）从而使对企业投资的价值更高呢？在采用债务资本之前，天龙企业的 *WACC* 为14%（对其普通股投资所得到的报酬率）。发行债券之后，如果资本市场所要求的普通股投资报酬率提高到16%，则：

$$\begin{aligned} WACC &= \frac{1}{1+1.125}\times 10\% + \frac{1.125}{1+1.125}\times 16\% \\ &= 4.71\% + 8.47\% \\ &= 13.18\% \end{aligned}$$

即 *WACC* 降低了。

请记住：

$$WACC = \left(\frac{\text{股票的市场价值}}{\text{股票与债券的市场价值之和}}\times\text{股票资本成本}\right) + \frac{\text{债券的市场价值}}{\text{股票与债券的市场价值之和}\times\text{债券的资本成本}}$$

同时，还要注意，如果市场所要求的投资报酬率上升到16%，则股票的每股价格将变为1.125英镑。

如果资本市场要求的报酬率变为20%，则：

$$\begin{aligned} WACC &= \left(\frac{1}{1.9}\times 10\%\right) + \left(\frac{0.9}{1.9}\times 20\%\right) \\ &= 5.26\% + 9.47\% = 14.73\% \end{aligned}$$

即 *WACC* 上升了。

假定企业的总体目标是使股东财富最大化，资本市场如何根据所要求的报酬率对债务资本的采用做出反应是一个非常重要的问题。因此，只有在有助于实现增加股东财富这一目标时采用债务资本才是可取的。

5.9 怎样寻找企业的最佳资本结构

资本结构是指企业各种长期资金（长期债务资本和权益资本）筹集来源的构成和比例关系。良好的资本结构可以促进企业价值的增长，不当的企业资本结构则是造成企业破产的一个重要因素。以往对企业的资本结构的判断方法是以分析每股收益的变化为基础。即若能提高每股收益的资本结构是合理的，反之则不够合理。每股收益分析是利用每股收益不受融资方式影响的销售水平，根据每股收益无差别点，可以分析判断在什么样的销售水平下适用于采用何种资本结构。但这种方法的缺陷在于没有考虑风险因素。我们知道，财务管理的目标在于追求企业价值的最大化或股价最大化。然而只有在风险不变的情况下，企业每股收益的增长才会直接导致股价的上升；实际上经常是随着每股收益的增长风险也加大。如果每股盈余的增长不足以补偿风险增加所需的报酬，尽管每股盈余增加，股价仍然会下降。在当前世界经济发展不确定风险因素存在的情况下，采用每股盈余变化分析来衡量最佳资本结构，有很多局限性。所以说，企业的最佳资本结构应该以使企业的总价值最高作为判定标准，而不一定以每股收益最大的资本结构为衡量标准。

寻求企业最佳的资本结构的理论依据是最先由美国学者 Franco Modigliani 和 Mertor Miller 提出的 MM 理论，该理论认为，由于所得税法允许债务利息费用在税前扣除，产生负债税额庇护，在某些严格的假设下，负债越多，企业的价值越大。但是在现实生活中，有的假设是不能成立的，因此早期的 MM 理论推导出的结论并不完全符合现实情况，只能作为一个理论研究的起点。因此，MM 理论在提出后不断发展，提出了税负（利息减税）利益——破产成本的权衡理论，这就为我们确定企业最佳资本结构奠定了理论基础。见图 5－2。

图中：V_L——只有负债税额庇护（利息减税）而没有破产成本（指与破产有关的成本，如财务拮据和代理成本等）的企业价值。

V_U——无负债时的企业价值。

V_k——同时存在负债税额庇护、超产成本的企业价值（企业实际价值）。

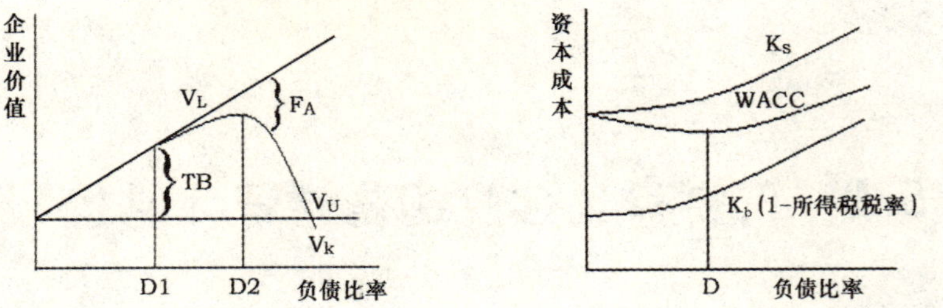

图 5-2　MM 理论

TB——负债税额庇护（利息减税）利益的现值；

F_A——破产成本的现值；

D_1——破产成本变得重要时的负债水平；

D_2——最佳资本结构；

WACC——加权平均资本成本；

K_b（1－所得税税率）——税前债务资本成本 $K_b\times$（1－所得税税率）；

K_S——权益资本成本；

D——最佳资本成本。

权衡理论模型说明了企业有一个最优负债量，即存在着最优资本结构。也就是说每个企业都存在着最优资本结构，在此结构下企业的市场价值最大而且加权资本成本最低。

此时可以依据企业在市场经济条件环境下的资本构成体系，确定企业的市场总价值。

下面以一个例子来分析企业的最优资本结构。

例　天龙企业目前无债务，资金全部由普通股资本组成，期望的每年息税前收益 EBIT＝1 500 万元，且固定不变。企业的税后净利全部发放股利，股利增长率 g＝0，企业所得税率为 25%，证券市场的数据：无风险报酬率 6%，平均风险报酬率 15%。企业现有普通股 300 万股。该企业主管人员认为目前的资本结构不够合理，计划改变现有的资本结构，增加负债以利用财务杠杆使企业价值提高，准备发行债券购回部分企业股票的办法予以调整。现在我们来试测算在不同财务杠杆下的企业价值和资本成本，以确定天龙企业的最优资本结构。

根据例中给出的条件和其他一些条件，我们可运用有关公式即可计算出筹借不同金额的债务时企业的价值和资本成本，见表 5-4。

表 5－4　　　筹借不同金额的债务时企业的价值和资本成本

单位：万元

债务的市场价值 B	股票的市场价值 S	企业的市场价值 VC	税前债务资本成本 V_b%	权益资本成本 K_s%	加权平均资本成本 WACC
0	6 700	6 700	…	15	15
1 200	6 105	7 305	7	15.54	13.85
2 400	5 527	7 927	7.5	16	12.85
3 600	3 688	7 288	8	22.02	14.1
4 800	2 383	7 182	12	25.98	14.64
6 000	672	6 672	20	29.94	16.51

当债务为 2 400 万元，股票为 5 527 万元时，企业价值最大，VC_{max} =7 927 万元；加权平均资本成本最小，$WACC_{min}$ = 12.85%。所以对天龙企业而言，债务市场价值为 2 400 万元，股本市场价值为 5 527 万元时构成了最优资本结构。

第6章 中小企业的项目评估

6.1 项目评估的方法有哪些

1. 净现值法

即使是最简单的项目，为了取得将来的收益也需要初始投资。假如我的面包店要买一个烘烤炉，烘烤炉的价格就是初始成本。将来的收益就是出售糕点和面包所获得的收益扣除成本后的利润。烘烤炉的净收益的计算方法就是将其使用寿命内所有流入流出的净现值相加。这就是烘烤炉的净现值 NPV。

例如：将烘烤炉的购入价格为 25 000 元，预计在今后的 4 年里每年能为面包店带来净现金流量为 9 000 元，如果贴现率为 10%，则烘烤炉的 *NPV* 为：

$$NPV=\frac{9\,000}{1+10\%}+\frac{9\,000}{(1+10\%)^2}+\frac{9\,000}{(1+10\%)^3}+\frac{9\,000}{(1+10\%)^4}-25\,000$$

NPV 法是综合衡量投资成本和收益的方法。因为所有将来的现金流将会被贴现成现值，我们可以将这些现值加起来变成我们乐意接受的烘烤炉的价值而不是将来的价值。NPV 要求收益中减掉成本，也就是说现金流的流出用负号表示，而现金流的流入用正号表示，如果净现值为正，则投资是可行的。

正的 NPV 也表明项目的市场价值超过其账面价值。对购买烘烤炉的这个方案而言，初始的账面价值为 2.5 万元的成本。而在竞争招标的情况下，买主要在烤炉收益的现值能保证大于成本的情况下提高投标价格，达到均衡点的价格也就是烘烤炉的临界价格。

采用 NPV 法评价投资决策可行性的主要好处，是它在有限的资本市场下能直接反映正的净现值和增加的股东财富之间的关系。下面举例说明：假定企业有笔投资，期望以后无限期每年产生 100 美元的营业现金流。如果贴现率为 10%，利用终身年金公式，贴现后的现金流的现值是 1 000 美元。企业完全采用融资方式，发行 20 股，每股 50 美元，这样在市场上企业项目就被正确评价：资产价值 1 000 美元，股票市场价值 1 000 美元。

现在企业决策层突然宣布一个新的投资方案。如果在设备上投资 150 美元以降低成本，以后无限期每年增加 25 美元。若贴现率仍为 10%，我们计算出项目的 *NPV* 是 $-150+25/0.10=100$ 美元，*NPV* 是正的，说明项目可行。

接着企业宣布将发行新股进行融资。新股没有限制必须以最初股票同样的价格出售，因为新方案的宣布将影响到股票价格。假如企业以价格 p^* 发行了 n^* 股新股，无论 n^* 和 p^* 为多大，企业希望通过发行股票融资 150 美元，亦即：$n^* \times p^* = 150$。

让我们看一下新股发行后企业的情况。在企业资产负债表资产的一面，有新旧现金流贴现成的现值：$100/0.10+25/0.10$。在债务的一面，有（$20+n^*$）份股票，都以价格 p^* 出售，资产负债表必须平衡，表示为

$$100/0.10+25/0.10=(20+n^*)\ p^*$$

我们知道，$100/0.1$ 可写成 20×50，原始股票数值乘原始股价，通过新股发行也知道 $n^* \times p^*$ 为 150 美元，进行代换

$$20\times 50+25/0.1=20p^*+150$$

整理得：$-150+25/0.10=20\ (p^*-50)$

方程的左边可以认为是新项目的 *NPV*，右边表示原始股东福利的变化，这表明项目宣布引起股东福利的增加与项目的 *NPV* 是相等的。通过计算，我们求得股价 p^* 为 55 美元，这样原始股东就会获得 $20\times 5=100$ 美元的福利，这与项目 *NPV* 恰恰相等。

这个例子进一步说明了采用净现值原则与制定企业投资决策的关系。如果企业的目标是增加股东福利，选择正的 *NPV* 方案永远是正确的。但有一条，如这个例子中所讲，股票市场是有效的。也就是说，投资者必须认清项目的价值。这样股票才可以以 p^* 价格发行，新项目的净现值才能得以体现。

项目评估的方法除了净现值法之外，还有很多种方法，常见的有：内部报酬率法、投资回收期法和会计收益率法。

2. 内部报酬率法

内部报酬率又称内含报酬率，用 *IRR* 表示，它是使投资项目净值为零的贴现率。

即
$$\sum_{t=1}^{N}\frac{NCF_t}{(1+r)^t}-C=0$$

其中：NCF_t——第 t 年的现金净流量；

r——内部报酬率；

N——项目使用年限；

C——初始投资额。

内部报酬率的评价原则如下：在只有一个备选方案时，如果计算出来的内部报酬率大于或等于企业的资本成本或必要报酬率就采纳，反之则拒绝。在多个方案的互斥选择中，选择内部报酬率大且超过资本成本或必要报酬率的投资项目。

内部报酬率法与净现值法看起来很相似，似乎两者对同一问题可以得出相同的结论。其实这是错误的，净现值法与内部报酬率法有着很大的区别。

首先，内部报酬率与企业的价值最大化目标没有直接的联系，并且由此在分析一个项目时，两种方法可能得出截然相反的结论。这主要的原因在于两者的假设不同。在净现值法中，它的假设前提是资金的机会成本等于折现率或者企业放弃其他投资而损失的利率；在内部报酬率中，它的假设则是机会成本（折现率）等于内部报酬率，也就是说企业因此项目借钱或放弃其他项目而损失的利率就是内部报酬率，这显然是不合理的。

其次，内部报酬率法不能适用于利率变动的情况，而净现值法却可以。

最后，内部报酬率法不能给出清晰明确的决策依据。因为在计算的过程中，内部报酬率得出的结果可能是多个，而不是惟一的，这种情况在项目期间项目净现金流量有正有负的时候更容易出现，这会使得经营者无从判断。

3. 获利指数

获利指数又称利润指数、现值指数，是投资项目未来报酬的总现值与初始投资额的现值之比。其计算公式为：

$$PI = \left[\frac{NCFT_1}{(1+r)^1} + \frac{NCFT_2}{(1+r)^2} + \cdots + \frac{NCFT_n}{(1+r)^n}\right] / C$$

其中：*PI*——获利指数。

利用获利指数决策，在只有一个备选方案采纳与否决策中，获利指数大于1，采纳；否则，拒绝。在有多个方案的互斥选择决策中，应采用获利指数超过1最多的投资项目。

4. 投资回收期法与会计收益率

投资回收期和会计收益率都属于非贴现现金流量指标，是不考虑资金的时间价值的指标，在投资决策中属于从属地位，但可以作为一项参考。

（1）投资回收期，一般用PP表示，是指收回初始投资所需的时间，以1年为单位。初始投资收回的速度越快，项目相对有较强的优越性。

若每年净现金流量相等，则公式为：

$$\text{投资回收期} = \frac{\text{原始投资额}}{\text{每年的净现金流量}}$$

投资回收期法在评估项目中存在明显的缺陷，这主要是因为该方法没能联系企业价值最大化的目标，没有考虑现金的时间价值，其次投资回收期法不能正确地估算项目的现金流量，它将项目持续期划分为两部分：投资回收期及回收期之后，从而把同一项目的现金流分为与项目评估相关与不相关的两部分，对回收期之后的项目现金流不予考虑，这明显是不合理的。

（2）会计收益率，通常以*ARR*表示，是项目寿命周期内平均的年投资报酬率，也称平均投资报酬率，其公式为：

$$ARR = \frac{\text{平均现金流量}}{\text{初始投资额}}$$

其中：

$$\text{平均现金流量} = \frac{\text{各年现金流量之和}}{\text{年数}}$$

在决策中首先应确定一个必要的平均报酬率，只有高过必要平均报酬率的方案才能入选。在多个方案互斥选择中，选用平均报酬率的方案。

6.2 怎样评估企业的现金流量

经营者在投资项目的分析过程中，最重要、同时也是最困难的环节之一就是评估项目的未来现金流量。项目的现金流量包括项目所需的投资额和项目投入营业以后的年度净现金流入量。通常在现金流量的估算中，将会遇到很多可变因素，包括个人、行业以及国家宏观政策的因素。因此，要精确估算一项巨大而复杂的项目的费用与收益是非常困难的。

之所以用现金流量而不用收入利润来衡量一项投资计划的价值，主要是因为：企业真正能收入和能用来再投资的是现金而不是账簿上记载的利润。只有现金流量才能较为正确地反映出与某一投资计划有关的各项现金交易。在理论上，现金流动的数量也能较准确地衡量出项目的经济收益或成本的净值。有关现金流量的估计，我们可以从以下三个方面进行衡量：

1. 投资初期的现金支出

投资开始时主要是现金流出，包括购置资产的现金支出和资产装置及运费的现金支出。除了这几项基本的现金支出外，流动资金，例如存货和现金等用以长期投资的需求也很大，这些资金的使用也将增加现金的流出量，另一方面，因为有了新机器或新设备，企业可能出售旧机器或设备，这又会减少现金的流出量。

2. 营运中的现金流量

投资计划实施后，企业的营业状况将会受到影响。成功的投资可以促使销售收入增加，成本和费用减少，从而导致销售利润增加，带来现金流入量的增加。同时，投资计划的实施也会带来流动资本的增加，设备维修费用的增加和税收支付，等等。因此，在计算现金流量净额时，须将现金支出部分减除。这里需要特别注意的是“折旧”会增加现金流入量。这样，营运中的现金量一般为现金流入量，数值是税后利润加折旧。投资初期投入的流动资金在最后 1 年收回。

3. 项目期末的现金流量

期末价值是一个项目在期末的处理价值，在采用净现值法进行项目评价时，一定不要将其忘掉。另外，避免对其过高估算也很重要。

经过一段时间的运行，比如五年，对项目现金流进行预算很有必要。但有时我们觉得预期超过限定期限后，此时直接以货币表示的现金流不怎么令人信赖。项目很少有突然终止的，项目可能存在主要生产时期，我们也主要把分析集中在这一块，但产品还可以以一定的递减率继续生产，或在主要阶段结束后，将项目资产卖掉。无论在哪种情况下，我们都应将分析期末的项目价值计算在内。

在估算期末价值方面，有几个可利用的方法。如果我们引进新的汽车生产线，在以后的三年里，凭借该项目在设计和工艺方面的先进性，我们能够比竞争对手获取更高的利润。但这以后，竞争对手也会跟上来，那样我们新产品生产价值将同整个汽车工业平均水平相当。这样的话，我们可以运用行业平均价值法则对三年末的生产线终值进行估价。通常选择工业平均价格盈利率、市场价值与账面价值比率或市场价值与付息、缴税、折旧、摊销前盈利的比率。

期末价值的计算也可用到终身年金法。如果产品的竞争优势逐渐消失，预测现金流将下降到一个稳定的水平。我们可认为此时的现金流量是终身年金。比如产品销售，经过一段超高增长时期，销售增长就会降到一稳定的比率，如每年以2%增长。增长终身年金模型也能用于负增长的情况。例如分析期预测现金流为100，以后现金流每年稳定地以5%的比率递减，若资金成本为15%，则终值为：

$$\frac{100}{0.15+0.05}=500$$

评估终值的另一个方法是清算。现金和应收账款的估价会大致与账面价值相当，而库存、厂房和设备的价值可能仅仅是它们账面价值的一小部分。

在不要忽视期末价值的同时，同样重要的是不要对其价值过高估计。假如一项目在开始三年产生的现金流分别是90、100、110。假定经过三年，项目的现金流在可行的将来以年10%比率增长（第四年121，第五年133.1…），若资金成本是15%，则期末价值为121/(0.15－0.10)＝2420。在这种情况下，假定的期末价值完全超过通过*NPV*法计算的结果。永远的10%的增长率是超常的增长速率，是不可能的，这完全是不现实的过于乐观的假设。

6.3 企业为什么进行资本预算

企业存在的基本前提之一就是企业投资的主要目标是为股东或所有人创造收益。建立新工厂、购买新设备和研究开发新项目，会影响到企业未来几年的经营前景。因为企业股票的价格反映了投资者对企业未来资金流的期望，那些能降低经营成本、提高产品质量或其他能树立企业竞争优势的投资就会导致更高的股票价格。

注重股东收益并不意味着债权人、供应商、顾客、员工和本地社区的利益就不重要。企业不断伤害非股东的利益就会毁掉企业的前途，最终股东的利益也不复存在。股东是企业的拥有者，他们将通过公平市场价值来评定经理们的业务表现。

这种注重股东收益的责任迫使经理们过于重视短期收入而忽视长期发展。但对历史的研究已经表明，在一个企业公布一个新的投资或研发方案后，企业股票的价格趋向上升。这说明股票市场对这种努力的肯定评价。

虽说如此，企业在制订投资方案时也应深思熟虑。像可口可乐、通用电气、别克和宝洁企业，一直在很成功地创造和增加着股东的利益。因为它们有树立和保持竞争优势的清晰的战略。投资方案如没有经过仔细的考虑，没有贯彻合理的经营战略，只能毁掉股东的福利。研究发现，如果企业的新战略或收购计划会使企业的经营重点转移到其并不拥有竞争优势的领域，企业的股价将会下跌。

例如，在20世纪80年代中期，AT&T曾涉足电脑制造业，经过几年的亏损，1991年AT&T又以75亿美元的价格收购NCR企业以扩增计算机生产。出乎AT&T经理们的预料，投资者对此反应冷淡，最终交易结果是AT&T的股票市场价值下降了40亿~60亿美元。相反当企业在1995年宣布离开计算机制造领域进行结构调整的当天，企业股票的价格上扬了10.6%，市场价值增加了90多亿美元。

一个成功的经营战略应发挥出企业潜在的竞争优势。如果一个企业能建立一种行业的进入壁垒，它就可以将那些竞争对手们排挤出去或者至少成为这一行业的领先者。像中国的格兰仕，它就在微波炉这一行业拥有绝对的竞争优势，以至于其他竞争者发现进入该行业是相当困难的，这保证了格兰仕在该行业的规模扩展。

6.4 中小企业进行项目决策需要遵循哪些原则

现实工作中，中小企业面对多种多样的项目，并且项目评估的方法也是多种多样的，因此中小企业是不可能掌握所有的方法对每一项目进行评估的。这就要求中小企业在项目评估中遵循一定的原则。

1. 科学性原则

投资决策作为实施投资活动的依据，其质量高低直接关系到企业投资活动的成败与效益高低，决定着企业的存亡，因此，必须强调其科学性。所谓科学性是指企业经营者必须掌握投资活动的规律性，采用科学的决策程序和方法。

投资活动和其他经济活动一样，具有一定的规律性。比如，企业将投资目标效益与动态市场需求相适应和平衡；与企业的财力、物力、人力相适应和平衡；要掌握和运用大量相关可靠的信息；在空间部署上慎重考虑未来市场的走向与容量；要确保预期效益目标，配套项目；以及技术工艺，产供销各环节之间的协调性，做到同步建设，等等。总之，投资决策必须按规律办事，这是正确决策的前提。

2. 完整性原则

投资决策要解决的问题十分繁杂，不仅要考虑各种目标和战略问题，也要考虑一系列战术问题，确定处理各种关系、矛盾的准则与措施，即必须全面考虑各种经济、技术、社会、自然因素，注意其内部的完整性。缺乏系统性或完整性的投资决策，不仅会使未来的投资实施过程面临某些矛盾时缺乏处理依据，无所适从，而且还会动摇投资决策总体方案的可靠性。例如，投资项目规模的确定，除了应考虑市场需求外，还要考虑企业的筹资能力，原材料供应、厂址、交通运输条件以及其他相关外部因素，假定对项目所在地紧张的交通运输能力未做充分考虑，则所确定的项目规模就可能偏大，由此又会导致相应的设备购置规模和劳动人员编制偏大，造成整个决策方案不可靠。项目投产后，便会出现生产能力闲置，产品积压或停工待料现象，从而成为导致企业今后生产经营过程不畅的隐患，预定的决策目标将无法实现。由此可见，决策中遵循完整性原则很重要。当然，对不同的问题，在决策的深度上可以有所不同。

3. 政策性原则

企业作为微观经济组织，在作投资决策时，一方面应当考虑本身原因，另一方面也应当自觉地使自身的投资行为与宏观经济政策的要求尽可能保持一致。例如，当宏观投资政策带有明显的产业倾向性时，企业在选择投资领域时应当自觉排除国家限制发展的那些产业领域。这并不是说，企业投资可以不考虑自身的微观利益，事实上，在符合宏观投资政策要求的范围内，仍然存在着可以实现企业利益最大化的投资机会。违背宏观投资政策要求的企业投资活动存在较大的风险，因为这种投资在实施过程中不可能得到政府的支持，在全社会国家计划控制的背景下，甚至可能使项目无法立项实施，或在实施过程中被强制缓建停建。此外，宏观投资政策限制的产业往往也是市场前景、社会经济效益不佳的产业，通过投资政策明确限制某些产业的发展，本身是政策对投资的一种指导。因而假定其他条件不变，逆宏观投资政策而行的企业投资决策，实施中通常也会面对较强的经济风险，至少从总体和长远的角度看将是如此。

4. 严肃性原则

企业的投资决策必须保持其严肃性。首先，这种严肃性是指决策态度和决策程序的严肃性。无论是总体决策、战略决策，还是局部决策、战术决策，都不能草率马虎。对战略性的重大决策不能随意应付，轻意拍板。实践中，投资决策非程序化、随意性的现象并不鲜见。企业投资决策者仅凭自己的意愿和经验，主观臆断，草率决策，匆匆上项目，是导致许多企业投资失败的重要原因。其次，这种严肃要有高度的权威性，决策一旦定下来，就应当具有强制力，执行时不得随意背弃。事实上，不被恪守，缺乏强制力的决策等于一纸空文。当然，这并不否认根据变化了的情况适时地对决策方案加以修正、完善。

投资战略正确与否是企业兴衰成败的关键。如果投资战略正确，即使计划实施得不好，经营管理有漏洞，效率不太高，也许尚能赢利；但如果投资战略不正确，战略决策失误，那么计划执行得越好，效率越高，则赔钱越多。因此，决策者在投资管理中一定要形成这样一种理念，即：

（1）投资要具有战略发展性，不要只顾眼前，更要顾及长远；

（2）投资一定要有利可图。

6.5 如何进行项目的利润敏感性分析

1. 利润敏感性分析法的含义

影响企业利润的因素主要有四个：产品的价格、产品的单位变动成本、产品的销售量和产品的固定成本。其中任何一个因素的变动都会引起企业利润的变动，甚至会使一个企业由盈变亏，也会使一个企业扭亏为盈。那么，如何知道影响企业利润的关键因素？企业决策者如何在激烈变动的外部环境下做出正确决策？借助敏感性分析，企业管理者可以对此类问题有一个明确的认识。

所谓利润敏感性分析是研究当制约利润的有关因素发生某种变化时，利润变化程度的一种分析方法。影响利润的因素很多，如售价、单位变动成本、销量、固定成本等。在现实经济环境中，这些因素是经常发生变动的。有些因素增长会导致利润增长（如单价），而另一些因素降低才会使利润增长（如单位变动成本）；有些因素略有变化就会使利润发生很大的变化，而有些因素虽然变化幅度较大，却只对利润产生微小的影响。所以对一个企业的管理者来说，不仅需要了解哪些因素对利润增减有影响，而且需要了解影响利润的若干因素中，哪些因素影响大，哪些因素影响小。那些对利润影响大的因素我们称之为敏感因素，反之，则称为非敏感因素。

反映敏感程度的指标是敏感系数：

某因素的敏感系数 = 利润变化（%）/该因素变化（%）

其判别标准是：

（1）敏感系数的绝对值 >1，即当某影响因素发生变化时，利润发生更大程度的变化，该影响因素为敏感因素；

（2）敏感系数的绝对值 <1，即利润变化的幅度小于影响因素变化的幅度，该因素为非敏感因素；

（3）敏感系数的绝对值 =1，即影响因素变化会导致利润相同程度的变化，该因素亦为非敏感因素。

2. 用利润敏感性分析法帮助企业决策

一般而言，在对利润产生影响的各因素中，灵敏度最高的为单价，最低的是固定成本，销量和单位变动成本介于两者之间。作为企业的管理者，在掌握了各有关因素对利润的敏感程度之后，下面的任务就是如何利用敏感性分析帮助决策，以实现企业的既定目标。在这里，抓住关键因素，综合利用各有关因素之间的相互联系，采取综合措施是成功的关键。

（1）慎重实施价格决策。

单价为绝对敏感因素，单价的变化会引起利润以几倍于单价变化的速度发生变化。所以在经济决策中，对降价必须给予格外的关注。价格下调带来的利润损失，若不能通过扩大销售量或降低单位成本予以更大程度的补偿，则企业的整体利润肯定会下降，目标利润难以实现。同时，价格上涨的同时，应尽可能地抑制销量的大幅缩减和成本的大幅上升，否则目标利润同样难以实现。

（2）降低单位成本。

单位变动成本同样属于利润的敏感因素，所以降低单位成本对实现企业目标利润具有重要意义。特别是从长期看，成本的高低将是企业能否生存和发展的关键。企业降低单位成本的主要措施有：

①源头控制，降低材料的采购成本。其主要方式有招标采购或网上采购等。

②生产过程控制，降低生产成本。对生产过程中的材料浪费、不必要的机器停工损失都必须通过严格管理加以控制。

③实行批量生产，实现规模效益。

④必要时，建立责任成本控制制度，将成本控制的责任落实到具体的部门或个人。

（3）扩大销售量。

销量的增加会导致企业利润的大幅度增加。但这里有一个前提，就是单价的降低幅度不能太大，否则，由于价格的敏感程度大于销量的敏感程度，销量的增加反而会减少企业的利润。2000 年度中国彩电行业第一次出现全行业亏损，就是价格战的恶果，而不是销售出了问题。一般而言，企业扩大销售量的主要措施包括：

①提高产品质量，以质取胜。

②实施品牌战略，提高消费者品牌忠诚度。

③大力促销。

第三天

财务管理出成果了

第三天突破知识点内容：

第7章　中小企业利润管理

7.1 企业如何达到保本销售

7.2 企业在不确定条件下如何预测目标利润

7.3 怎样制定合理的股利政策

……

第8章　中小企业财务税收管理

8.1 中小企业经营者应掌握哪些税收知识

8.2 中小企业如何正确认识合理避税

8.3 中小企业常见的合理避税方法有哪些

……

第7章 中小企业利润管理

7.1 企业如何达到保本销售

确定“保本点”属于保本分析的内容。保本分析是本量利分析的一个基本内容，亦称盈亏临界分析或损益平衡分析。它主要研究如何确定盈亏临界点、有关因素变动对盈亏临界点的影响等问题，它可以为决策提供在何种业务量下企业将盈利，在何种业务量下会出现亏损等信息。下面对盈亏临界点的确定作详细论述。

盈亏临界点是指企业收入和成本相等的经营状态，即边际贡献等于固定成本时企业所处的既不盈利又不亏损的状态，通常以一定的业务量来表示这种状态。

1. 盈亏临界点销售量

就单一产品企业来说，盈亏临界点的计算并不困难。由于计算利润的公式为：

$$利润=单价\times销量-单位变动成本\times销量-固定成本$$

令利润等于零，此时的销量为盈亏临界点销售量：

0＝单价×盈亏临界点销售量－单位变动成本×盈亏临界点销售量－固定成本

$$盈亏临界点销售量=\frac{固定成本}{单价-单位变动成本}$$

又由于：

$$单价-单位变动成本=单位边际贡献$$

所以，上式又可写成：

$$盈亏临界点销售量=\frac{固定成本}{单位边际贡献}$$

例 某企业生产一种产品，单价 10 元，单位变动成本 8 元，每月固定成本 8 000 元，求盈亏临界点销售量。

$$\text{盈亏临界点销售量}=\frac{8\ 000}{10-8}=4\ 000\text{（件）}$$

2. 盈亏临界点销售额

由于不同产品的产销量不能简单相加，一般用销售额来表示多品种的盈亏临界点。

由于利润计算的公式为：

$$\text{利润}=\text{销售额}\times\text{边际贡献率}-\text{固定成本}$$

令利润为零，则此时的销售额为盈亏临界点销售额。再经变形可得：

$$\text{盈亏临界点销售额}=\frac{\text{固定成本}}{\text{边际贡献率}}$$

根据上例的资料，可得：

$$\text{盈亏临界点销售额}=\frac{8\ 000}{(10-8)\ /10}=40\ 000\text{（元）}$$

3. 盈亏临界点作业率

盈亏临界点作业率，是指盈亏临界点销售量占企业正常销售量的比重。所谓正常销售量，是指正常市场和正常开工情况下的销售数量。

$$\text{盈亏临界点作业率}=\frac{\text{盈亏临界点销售量}}{\text{正常销售量}}\times 100\%$$

它既可以说明企业保本业务量在正常业务量中所占的比重，又可说明企业在保本状态下生产经营能力的利用程度。

上例中，若正常销售量为 10 000 件，则：

$$\text{盈亏临界点作业率}=\frac{40\ 000}{100\ 000}\times 100\%=40\%$$

它表明企业的作业率必须达到正常作业的 40% 以上才可取得盈利，否则就会发生亏损。

7.2 企业在不确定条件下如何预测目标利润

损益平衡分析是利润预测分析的基础，它本身也属于预测分析。在实际工作中，由于主客观条件的限制，企业所经营商品的销售价格、单位变动成本、固定成本等因素很难有一个定值。这样一来，计算商品的损益平衡销售量和损益平衡销售额就不能用前述有关公式直接进行计算，而需要在分析、测算的基础上，确定商品销售单价、成本诸因素所具有的每种不同预期水平出现的可能性的大小，借助概率分析方法，计算求得该种商品最有可能的损益平衡销售量和损益平衡销售额。通过不确定条件下损益平衡点的计算，明显地增强了损益平衡分析的准确性和实用性，使它能在较为复杂的情况下，为企业管理者制定规划、搞好决策提供更加有用的资料。

在不确定条件下损益平衡点的计算一般分以下基本步骤：

第一步，对有关商品可能出现的若干种不同预期水平的价格、成本数额及其概率作出估计。

第二步，计算每一种预期价格、成本水平组合下的损益平衡点。

第三步，计算每一种预期价格、成本水平组合下的联合概率。

第四步，以联合概率为权数，用加权平均的方法计算每种组合下损益平衡点的期望值。

现举例说明不确定条件下损益平衡点的计算方法。

例 某企业经营丙种商品，通过对该商品销售价格、单位变动成本和固定成本总额的综合考察，确认有关因素可能达到的水平及其概率估计如表 7－1 所示。

表 7－1

销售价格		单位变动成本		固定成本	
金额（元）	概　率	金额（元）	概　率	金额（元）	概　率
200	0.8	160	0.5	50 000	0.9
190	0.2	150	0.3		
		140	0.2	45 000	0.1

试确定丙商品的损益平衡销售量和损益平衡销售额。

解：根据以上资料，编表计算丙商品的损益平衡销售量和损益平衡销售额（见表 7－2）。

从表 7－2 的计算结果可以看出，丙商品的损益平衡销售量约为 1 143件，损益平衡销售额为225 897.6元。

表 7－2

组合事件	单位销售价格		单位变动成本		固定成本		损益平衡销售量(件) (7)＝(5)/[(1)－(3)]	损益平衡销售额(元) (8)＝(1)×(7)	联合率 (9)＝(2)×(4)×(6)	加权损益平衡销售量(件) (10)＝(7)×(9)	加权损益平衡销售额(元) (11)＝(8)×(9)
	金额(元) (1)	率 (2)	金额(元) (3)	率 (4)	金额(元) (5)	率 (6)					
1	200	0.8	160	0.5	50000	0.9	1250	250000	0.360	450	90000
2	200	0.8	150	0.3	50000	0.9	1000	200000	0.216	216	43200
3	200	0.8	140	0.2	50000	0.9	833	166600	0.144	119.95	23990.4
4	200	0.8	160	0.5	45000	0.1	1125	225000	0.040	45	9000
5	200	0.8	150	0.3	45000	0.1	900	180000	0.024	21.6	4320
6	200	0.8	140	0.2	45000	0.1	750	150000	0.016	12	2400
7	190	0.2	160	0.5	50000	0.9	1669	316730	0.090	150.03	28505.7
8	190	0.2	150	0.3	50000	0.9	1250	237500	0.054	67.5	12825
9	190	0.2	140	0.2	50000	0.9	1000	190000	0.036	36	6840
10	190	0.2	160	0.5	45000	0.1	1500	285000	0.010	15	2850
11	190	0.2	150	0.3	45000	0.1	1125	213750	0.006	6.75	1282.5
12	190	0.2	140	0.2	45000	0.1	900	171000	0.004	3.6	684
期望值										1143.43	225897.6

7.3 怎样制定合理的股利政策

1. 股利分配的形式

这里讲的股利分配形式指股利支付方式。股利支付方式有多种，常见的有以下几种：

（1）现金股利。

现金股利是以现金支付的股利，它是股利支付的主要方式。公司支付现金股利除了要有累计盈余（特殊情况下可用弥补亏损后的盈余公积金支付）外，还要有足够的现金，因此公司在支付现金股利前需筹备充足的现金。

（2）财产股利。

财产股利是以现金以外的资产支付的股利，主要是以公司所拥有的其他企业的有价证券，如债券、股票，作为股利支付给股东。

（3）负债股利。

负债股利是公司以负债支付的股利，通常以公司的应付票据支付给股东，在不得已的情况下也有发行公司债券抵付股利的。

财产股利和负债股利实际上是现金股利的替代。这两种股利形式目前在我国公司实务中很少使用，但并非法律所禁止。

（4）股票股利。

股票股利是公司以增发的股票作为股利的支付方式。股票股利并不直接增加股东的财富，不导致公司资产的流出或负债的增加，因而不是公司资金的使用，同时也并不因此增加公司的财产，但会引起所有者权益各项目的结构发生变化。

2. 确定股利分配政策应考虑的因素

股利分配政策的确定受到各方面因素的影响，大致讲来，这些影响因素主要有以下几方面：

（1）法律因素。

为了保护债权人和股东的利益，国家有关法规，如《公司法》，对企业股利分配予以一定的硬性限制。这些限制主要体现为以下几个方面：

①资本保全约束。

资本保全是企业财务管理应遵循的一项重要原则。它要求企业发放的股利或投资分红不得来源于原始投资（或股本），而只能来源于企业当期利润或留存收益。其目的是为了防止企业任意减少资本结构中所有者权益（股东权益）的比例，以维护债权人利益。

②资本积累约束。

它要求企业在分配收益时，必须按一定的比例和基数提取各种公积金。另外，它要求在具体的分配政策上，贯彻“无利不分”原则，即当企业出现年度亏损时，一般不得分配利润。

③偿债能力约束。

偿债能力是指企业按时足额偿付各种到期债务的能力。对股份公司而言，当其支付现金股利后会影响公司偿还债务和正常经营时，公司发放现金股利的数额要受到限制。

④超额累积利润约束。

对于股份公司而言，由于投资者接受股利交纳的所得税要高于进行股票交易的资本利得所缴纳的税金，因此许多公司可以通过积累利润使股价上涨方式来帮助股东避税。西方许多国家都注意到了这一点，并在法律上明确规定公司不得超额累积利润，一旦公司留存收益超过法律认可的水平，将被加征额外税款。我国法律目前对此尚未作出规定。

（2）股东因素。

股东出于对自身利益的考虑，可能对公司的收益分配提出限制、稳定或提高股利发放率等不同意见，包括：

①控制权考虑。

公司的股利支付率高，必然导致保留盈余减少，这又意味着将来发行新股的可能性加大，而发行新股会稀释公司的控制权。因此，这些公司的股东往往主张限制股利的支付，而愿意较多地保留盈余，以防止控制权旁落他人。

②避税考虑。

一些高收入的股东出于避税考虑（股利收入的所得税高于交易的资本利得税），往往要求限制股利的支付，而较多地保留盈余，以便从股价上涨中获利。

③稳定收入考虑。

一些股东往往靠定期的股利维持生活，他们要求公司支付稳定的股利，反对公司留存较多的利润。

④规避风险考虑。

在某些股东看来，通过增加留存收益引起股价上涨而获得的资本利得是有风险的，而目前所得股利是确定的，即便是现在较少的股利，也强于未来较多的资本利得，因此他们往往要求较多地支付股利。

（3）公司因素。

公司出于长期发展与短期经营考虑，需要综合考虑以下因素，并最终制定出切实可行的分配政策。这些因素主要有：

①公司举债能力。

如果一个公司举债能力强，能够及时地从资金市场筹措到所需的资金，则有可能采取较为宽松的收益分配政策；而对于一个举债能力较弱的公司而言，则宜保留较多的盈余，因而往往采取较紧的收益分配政策。

②未来投资机会。

收益分配政策要受到企业未来投资机会的影响。主要表现在：当企业预期未来有较好的投资机会，且预期投资收益率大于投资者期望收益率时，企业经营者会首先考虑将应分配的收益用于再投资，减少分红数额。这样有利于企业的长期发展，同时也能被广大的投资者所理解。相反，如果企业缺乏良好的投资机会，保留大量盈余会造成资金的闲置，可适当增大分红数额。正因为如此，处于成长中的企业多采取少分多留政策，而陷于经营收缩的企业多采取多分少留政策。

③盈余稳定状况。

企业盈余是否稳定，也将直接影响其收益。盈余相对稳定的企业对未来取得盈余的可能性预期良好，因此有可能支付比盈余不稳定的企业更高的股利；盈余不稳定的企业由于对未来盈余的把握小，不敢贸然采取多分政策，而较多采取低股利支付率政策。

④资产流动状况。

较多地支付现金红利，会减少企业现金持有量，使资产的流动性降低，而保持一定的资产流动性是企业经营的基础和必备条件，因此，如果企业的资产流动性差，即使收益可观，也不宜分配过多的现金股利。

⑤筹资成本。

一般而言，将税后的收益用于再投资，有利于降低筹资的外在成本，包括再筹资费用和资本的实际支出成本。因此，很多企业在考虑投资分红时，首先将企业的净利润作为筹资的第一选择渠道，特别是在负债资金较多、资金结构欠佳的时期。

⑥其他因素。

比如，企业有意地多发股利使股价上涨，使已发行的可转换债券尽快地实现转换，从而达到提高资产流动性的目的；再如，通过支付较高股利，刺激公司股价上扬，从而达到反兼并、反收购的目的等等。

（4）其他因素。

①债务合同限制。

企业的债务合同，特别是长期债务合同，往往有限制企业现金支付程度的条款，以保护债权人的利益。通常包括：

• 未来的股利只能以签订合同之后的收益来发放，也就是说不能以过去的留存收益来发放。

• 营运资金低于某一特定金额时不得发放股利。

• 将利润的一部分以偿债基金的形式留存下来。

• 利息保障倍数低于一定水平时不得支付股利。企业出于方便未来负债筹资的考虑，一般都能自觉恪守与债权人事先签订的有关合同的限制性条款，以协调企业与债权人之间的关系。

②通货膨胀。

通货膨胀会带来货币购买力水平下降，固定资产重置资金来源不足，此时企业往往不得不考虑留用一定的利润，以便弥补由于货币购买力水平下降而造成的固定资产重置资金缺口。因此，在通货膨胀时期，企业一般采取偏紧的收益分配政策。

3. 股利分配应遵循的原则

为合理组织企业财务活动，正确处理财务关系，企业在进行股利分配中应遵循以下原则：

（1）依法分配原则。

企业的收益分配必须依法进行，这是正确处理各方面利益关系的关键，为规范企业的收益分配行为，国家制定和颁布了若干法规。这些法规规定了企业收益分配的基本要求、一般程序和重大比例，企业应认真执行，不得违反。

（2）兼顾各方面利益原则。

收益分配是利用价值形式对社会产品的分配，直接关系到有关各方的切身利益。因此，要坚持全局观念，兼顾各方利益。除依法纳税以外，投资者作为资本投入者、企业所有者，依法享有收益分配权。

企业的净利润归投资者所有，是企业的基本制度，也是企业所有者投资于企业的根本动力所在。但企业的利润离不开全体职工的辛勤工作，职工作为利润的直接创造者，除了获得工资及奖金等劳动报酬外，还要以适当方式参与净利润的分配，例如提取公益金，用于职工集体福利设施的购建开支。可见，企业进行收益分配时，应统筹兼顾、合理安排，维护投资者、企业与职工的合法权益。

（3）分配与积累并重原则。

企业进行收益分配，应正确处理长远利益和近期利益的辩证关系，将二者有机结合起来，坚持分配与积累并重。考虑未来发展需要，增强企业后劲，企业除按规定提取法定盈余公积金以外，可适当留存一部分利润作为积累。这部分留存收益虽暂时未予分配，但仍归企业所有者所有。而且，这部分积累不仅为企业扩大再生产筹措了资金，同时也增强了企业抵抗风险的能力，提高了企业经营的安全系数和稳定性，这也有利于增加所有者的回报。通过正确处理收益分配和积累的关系，留存一部分利润以供未来分配之需，还可以达到以丰补歉，平抑收益分配数额波动幅度，稳定投资报酬率的效果。实践证明，投资者更为青睐能够提供稳定回报的企业，而利润分配时高时低的企业因暗含不稳定信息，对投资者的吸引力难免大打折扣。因而企业在收益分配过程中应当正确处理分配与积累的关系。

（4）投资与收益对等原则。

企业分配收益应当体现“谁投资谁受益”、受益大小与投资比例相适应，即投资与收益对等原则，这是正确处理投资者利益关系的关键。投资者因其投资行为而享有收益权，并同其投资的比例相适应。这就要求企业在向投资者分配利益时，应本着平等一致的原则，按照各方投入资本的多少来进行，决不允许发生任何一方随意多分多占的现象。这样，才能从根本上保护投资者的利益，鼓励投资者投资。

4. 股利政策

企业在确定收益分配政策时，应综合考虑各种影响因素，结合自身实际情况，权衡利弊得失，从优选择。在理财实践中，企业经常采用的收益分配政策主要有以下几种：

（1）剩余政策。

所谓剩余政策，是指企业较多地考虑将净利润用于增加投资者权益（即增加资本或公积金），只有当增加的资本额达到预定的目标资本结构（最佳资本结构），才将剩余的利润用于向投资者分配。这种政策主要是考虑未来投资机会的影响，即当企业面临良好的投资机会时，在目标资本结构的约束下，最大限度地使用留存收益来满足投资方案所需的自有资金数额。

贯彻剩余政策的基本步骤为：

①确定企业目标资本结构，使得在此结构下的综合资本成本最低。

②确定为达到目标资本结构需要增加的留存收益的数额。

③最大限度地使用保留盈余来满足投资方案所需的股东权益数额。

④在满足上述需要后，将剩余利润分配给投资者。

可见，在这种分配政策下，投资分红额（股利）成为企业新的投资机会的函数，随着投资资金的需求变化而变化。只要存在有利的投资机会，就应当首先考虑其资金需要，然后再考虑企业剩余收益的分配需要。这种政策的优点是能充分利用筹资成本最低的资金来源，保持理想的资本结构，使综合资本成本最低。其缺点是不利于投资者安排收入和支出，也不利于公司树立良好的形象。

例 某公司 2002 年度提取了法定盈余公积、公益金后的净利润为 800 万元，2003 年度投资计划所需资金 700 万元，公司的目标资本结构为自有资金占 60%，借入资金 40%。则按照目标资本结构的要求，公司投资方案所需的自有资金数额为：

$$700 \times 60\% = 420 \text{（万元）}$$

按照剩余政策的要求，该公司 2002 年度可向投资者分红（发放股利）数额为：

$$800 - 420 = 380 \text{（万元）}$$

（2）固定股利政策。

在这种政策下，公司在较长时期内都将分期支付固定的股利额，股利不随经营状况的变化而变动，除非公司预期未来收益将会有显著的、不可逆转的增长而提高股利发放额。采用这种政策的大多数属于收益比较稳定或正处于成长期、信誉一般的公司。

这种策略对公司而言有如下好处：

①固定的股利有利于公司树立良好的形象，有利于稳定公司股票价格，从而增强投资者对公司的信心。

②稳定的股利有利于投资者安排收入与支出，特别是那些对股利有较强依赖性的股东更是如此。

这种策略的主要缺点在于股利支付与公司盈利能力相脱节，当盈利较低时仍要支付较高的股利，容易引起公司资金短缺，导致财务状况恶化。

（3）固定股利比例政策。

采用固定股利比例政策，要求公司每年按固定比例从净利润中支付股利。由于公司的盈利能力在年度间是经常变动的，因此每年的股利也应随着公司收益的变动而变动，保持股利与利润间的一定比例关系，体现风险投资与风险收益的对等。这种策略的不足之处在于，由于股利波动容易使外界产生公司经营不稳定的印象，不利于股票价格的稳定与上涨。

（4）正常股利加额外股利政策。

这种政策要求企业每年按一固定的数额向股东支付正常股利，当企业年景好、盈利有较大幅度增加时，再根据实际需要，向股东临时发放一些额外股利。它的优点是具有较大灵活性，可给企业较大的弹性。由于平常股利发放水平较低，故在企业净利润很少或需要将相当多的净利润留存下来用于再投资时，企业仍可以维持既定的股利发放水平，避免股价下跌的风险；而企业一旦拥有充裕的现金，就可以通过发放额外股利的方式，将其转移到股东的手中，也有利于股价的提高。因此，在企业的净利润与现金流量不够稳定时，采用这种股利政策对企业和股东都是有利的。

上面所介绍的是企业在实际经济生活中常用的几种分配策略。其中，固定股利政策和正常股利加额外股利政策是被企业普遍采用、并为广大的投资者所认可的两种基本政策。企业在进行收益分配时，应充分考虑各种政策的优缺点和企业的实际情况，选择适宜的净利润分配政策。

7.4 本量利因素变动如何影响利润

本量利因素变动分析，是指本量利发生变动时相互影响的定量分析，它是本量利分析中最常用的一项内容。变动分析主要研究两个问题：一个是产销量、成本和价格发生变动时，测定其对利润的影响；另一个是目标利润发生变动时，分析实现目标利润所需的产销量、收入和支出。

如果说，盈亏临界分析主要研究利润为零的特殊经营状态的有关问题，那么，变动分析则主要研究利润不为零的一般经营状态的有关问题。

在决定任何生产经营问题时，都应事先分析拟采取的行动对利润的影响。如果该行动产生的收益大于它引起的支出，可以增加企业的盈利，则这项行动在经济上是可取的。虽然企业在决策时需要考虑各种非经济因素，但是经济分析总是最基本的，甚至是首要的分析。

影响利润诸因素的变动分析，主要方法是将变化了的参数代入本量利方程式，测定其造成的利润变动。

例

某企业目前的损益状况如下：

销售收入（1 000 件 ×10 元/件）	10 000 元
销售成本：	
变动成本（1 000 件 ×6 元/件）	6 000 元
固定成本	3 000 元
利润	1 000 元

显然，如果销量、单价、单位变动成本、固定成本诸因素中的一项或几项同时变动，都会对利润产生影响。

通常，企业遇到下列三种情况时，常要测定利润的变化。

1. 外界单一因素发生变化

外界某一因素发生变化时，企业需要测定其对利润的影响，预计未来期间的利润。

上例中的损益状况，如果用方程式表示，可以写成下列形式：

利润 = 销售收入 - 变动成本 - 固定成本

= 10 000 - 6 000 - 3 000

= 1 000（元）

假设由于原材料涨价，使单位变动成本上升到 7 元，利润将变为：

利润 = 10 000 - 1 000 × 7 - 3 000 = 0（元）

由于单位变动成本上升 1 元，使企业最终利润减少 1 000 元。企业应根据这种预见到的变化，采取措施，设法抵消这种影响。

2. 企业拟采取某项行动

由于企业拟采取某项行动，将使有关因素发生变动时，企业需要测定其对利润的影响，作为评价该行动经济合理性的尺度。

假设例 4 中的企业拟采取更有效的广告方式，从而促使销量增加 10%，利润将因此变为：

利润 = 1 000 ×（1 + 10%）× 10 - 1 000（1 + 10%）× 6 - 3 000

= 1 400（元）

这项措施将使企业利润增加 400 元（1 400 - 1 000），它是增加广告开支的上限。如果这次广告宣传的支出超过 400 元，就可能得不偿失。

假设该企业拟自建门市部，售价由目前的 10 元提高到 11.50 元，而能维持销量不变，利润将因此变为：

利润 = 1 000 × 11.50 - 1 000 × 6 - 3 000

= 2 500（元）

这项计划将使企业的利润增加 1 500 元（2 500 - 1 000），它是门市部每年开支的上限。

3. 有关因素发生相互关联的变化

由于外界因素变化或企业拟采取某项行动，使有关因素发生相互关联的影响，企业需要测定其引起的利润变动，以便选择决策方案。

假设上例的企业按国家规定普调工资，使单位变动成本增加 4%，固定成本增加 1%，将会导致利润的下降。为了抵消这种影响，企业有两个应对措施：一是提高价格 5%，因提价会使销量减少 10%；一是增加产量 20%，为使这些产品能销售出去，要追加 500 元广告费。

调整工资后不采取措施的利润为：

利润 = 1 000［10 - 6 ×（1 + 4%）］- 3 000 ×（1 + 1%）

= 730（元）

采取第一方案的预计利润：

利润 = 1 000 ×（1 - 10%）×［10 ×（1 + 5%）- 6 ×（1 + 4%）］- 3 000 ×（1 + 1%）

= 804（元）

采取第二方案的预计利润：

利润 = 1 000 ×（1 + 20%）×［10 - 6 ×（1 + 4%）］-［3 000 ×（1 + 1%）+ 500］

= 982（元）

通过比较可知，第二方案较好。

7.5 实现目标利润需要什么样的条件

前面分析了本量利各因素变动是如何影响利润的，那里诸因素为已知数，利润是待求的未知数。而在这里，是要分析在已知目标利润、未知其他因素时，如何利用企业现有资源，合理安排产销量、收入和成本支出，以实现特定利润，也就是分析实现目标利润所需要的有关条件。

1. 采取单项措施以实现目标利润

可以实现目标利润的单项措施包括以下几种：

(1) 减少固定成本。

(2) 减少变动成本。

(3) 提高售价。

(4) 增加产销量。

2. 采取综合措施以实现目标利润

在现实经济生活中，影响利润的诸因素是相互关联的。为了提高产量，往往需要增加固定成本，与此同时，为了把它们顺利地销售出去，有时又需要降低售价或增加广告费等固定成本。因此，企业很少采取单项措施来提高利润，而大多采取综合措施以实现目标利润。

财务经理可以按下列方法实现目标利润：

假设上例中的企业有剩余的生产能力，可以进一步增加产量，但由于产品售价偏高，使销路受到限制。为了打开销路，企业总经理拟降价 10%，采取薄利多销的方针，争取实现利润 1 500 元。

(1) 计算降价后实现目标利润所需的销售量。

$$销售量 = \frac{固定成本 + 目标利润}{单位边际贡献}$$

$$= \frac{(2\ 000 + 1\ 000)\ + 1\ 500}{10 \times (1 - 10\%)\ - 6} = 1\ 500（件）$$

如果销售部门认为，降价10%后可使销量达到1 500件，生产部门也可以将其生产出来，则目标利润就可以落实了。否则，还需要继续分析并进一步落实。

（2）计算既定销量下实现目标利润所需要的单位变动成本。

假设销售部门认为，上述1 500件的销量是达不到的，降价10%后只能使销量增至1 300件。为此，需要在降低成本上挖潜。

$$\text{单位变动成本}=\frac{\text{单价}\times\text{销量}-(\text{固定成本}+\text{目标利润})}{\text{销量}}$$

$$=\frac{10\times(1-10\%)\times1\,300-(3\,000+1\,500)}{1\,300}$$

$$=5.54\text{（元）}$$

为了实现目标利润，在降价10%的同时，还须使单位变动成本从6元降至5.54元。如果生产部门认为，通过降低原材料和人工成本，这个目标是可以实现的，则预定的利润目标可以落实。否则，还要在固定成本的节约方面想办法。

（3）计算既定产销量和单位变动成本下实现目标利润所需的固定成本。

假设生产部门认为，通过努力，单位变动成本可望降低到5.60元。为此，企业还需要压缩固定成本支出。

$$\text{固定成本}=\text{销量}\times\text{单位边际贡献}-\text{目标利润}$$

$$=1\,300\times[10\times(1-10\%)-5.60]-1\,500$$

$$=2\,920\text{（元）}$$

为了实现目标利润，在降价10%，使销量增至1 300件，单位变动成本降至5.60元的同时，还须压缩固定成本80元（3 000－2 920），则目标利润可以落实。否则，可以返回去再次协商，寻找进一步增收节支的办法，重新分析计算并分别落实，或者向总经理汇报，请其考虑修改目标利润。

7.6 你所在的企业安全吗

现代管理中我们习惯于运用安全边际和安全边际率来衡量经营的安全程度。安全边际是企业正常销售量超过盈亏临界点销售量的差额，它表明销售量下降多少公司仍不致亏损，从而反映了企业经营的安全程度。安全边际越大，企业经营就越安全。

安全边际的计算公式为：

安全边际 = 正常销售量 - 盈亏临界点销售量

由于安全边际是一个绝对数，不便于比较不同行业、不同企业的安全程度。因而，实践中常应用安全边际率这一指标。

安全边际率 = 安全边际/正常销售量 × 100%

人们还建立了有关企业安全性的经验数据表，以便企业准确判断自身的安全程度，如表 7 - 3 所示：

表 7 - 3　　**安全性检验标准**

安全边际率	40% 以上	30% ~40%	20% ~30%	10% ~20%	10% 以下
安全等级	很安全	安全	较安全	值得注意	危险

若安全边际率低于20%，公司就应做出提高安全边际率的决策。提高安全边际率有两条途径：一是增加销售额；二是使盈亏临界点下移。使盈亏临界点下移有两种方法：①降低固定成本；②提高单位产品边际贡献。

下面分析一下安全边际率与盈亏临界点作业率之间的关系，见图7 - 1。

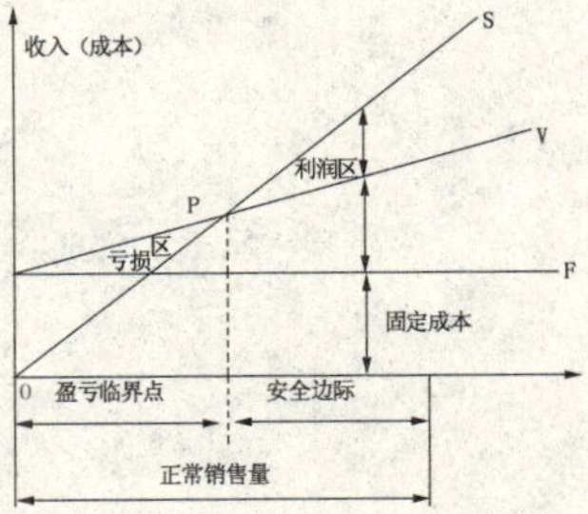

图 7 - 1　盈亏临界点作业率和安全边际率关系图

图 7－1 中，盈亏临界点 P 把正常销售量分为盈亏临界点销售量和安全边际两部分。则：

$$\text{正常销售量}=\text{盈亏临界点销售量}+\text{安全边际}$$

两端同除以正常销售量，可得：

$$\text{盈亏临界点作业率}+\text{安全边际率}=1 \qquad ①$$

从图 7－1 中还可以发现：

（1）只有安全边际才能为企业提供利润，盈亏临界点的销售额扣除变动成本后只能为企业收回固定成本，而不能提供利润；

（2）安全边际本身并非利润，安全边际中的边际贡献才是真正的利润。

上述结论可通过以下公式证明：

因为：

$$\begin{aligned}\text{利润}&=\text{销售收入}-\text{变动成本}-\text{固定成本}\\&=\text{边际贡献}-\text{固定成本}\\&=\text{销售收入}\times\text{边际贡献率}-\text{固定成本}\\&=\text{销售收入}\times\text{边际贡献率}-\text{盈亏临界点销售收入}\times\text{边际贡献率}\\&=(\text{销售收入}-\text{盈亏临界点销售收入})\times\text{边际贡献率}\end{aligned}$$

所以：

$$\text{利润}=\text{安全边际}\times\text{边际贡献率} \qquad ②$$

若将上式两边同除以销售收入，可得：

$$\frac{\text{利润}}{\text{销售收入}}=\frac{\text{安全边际}}{\text{销售收入}}\times\text{边际贡献率}$$

即：

$$\text{销售利润率}=\text{安全边际率}\times\text{边际贡献率} \qquad ③$$

公式③为我们提供了一种计算销售利润率的新方法，并且表明，企业要提高销售利润率，就必须提高安全边际率（即降低盈亏临界点作业率），或提高边际贡献率（即降低变动成本率）。

7.7 企业利润是怎么分配的

根据我国有关法律，企业和股份有限公司每期实现的净利润，首先应用于弥补以前年度的净亏损，然后按以下顺序进行分配。

1. 提取法定盈余公积金

企业按照规定的比例从净利润中提取的内部积累资金。按照《企业会计制度》的规定，提取比例为10%。当法定盈余公积金累计达到注册资本的50%时可不再提取。法定盈余公积金可用于弥补亏损、转增资本（或股本）。转增资本（或股本）后，法定盈余公积金一般不得低于注册资金的25%。

2. 提取法定公益金

这是企业按照规定的比例从净利润中提取的用于职工集体福利设施的一项基金，提取比例为当年利润的5%～10%。法定公益金用于职工集体福利时，应当将其转入任意盈余公积。

3. 提取任意盈余公积

这是企业经股东大会或类似机构批准按照规定的比例从净利润中提取的盈余公积。

4. 向投资者分配利润或股利

在完成规定应提取的各种留存收益后，如果企业存在剩余，加上以前年度的未分配利润，可以向投资者分配利润。

股份有限公司可提供投资者分配的利润，还应按下列顺序进行分配：

（1）应付优先股股利，是指企业按照利润分配方案分配给优先股股东的现金股利。

（2）应付普通股股利，是指企业按照利润分配方案分配给普通股的股利。

（3）转作资本（股本）的普通股股利，是指企业按照利润分配方案以分配股票股利的方式转作的资本（股本）。企业以利润转增的资本，也按这一顺序进行分配。

可供投资者分配的利润，在经过上述分配后，即为未分配利润（或未弥补亏损）。未分配利润可留待以后年度进行分配。企业如发生亏损，可以按规定由以后年度利润进行弥补。企业未分配利润的利润（或未弥补亏损）应当在资产负债表的所有者权益项目中单独反映。

第 8 章　中小企业财务税收管理

8.1　中小企业经营者应掌握哪些税收知识

1. 税的含义

对于一个经理人说，税无时无刻不在身边，纳税管理是企业经营管理的重要组成部分。可是有时“最熟悉的东西又可能是最陌生的”。这句话是不无道理的，你了解税的准确概念吗？这对一个管理者是至关重要的。

税，是国家凭借政治权力，按照法律规定的标准，无偿地征收实物或货币而形成的特定分配关系。

税法，就是调整参与税收征纳关系的国家税务机关与纳税人之间发生的税收征纳关系法律规范的总称。

2. 纳税义务人

纳税义务人，习惯称为纳税人，是指负担纳税义务的单位或个人，有时又称纳税主体。

3. 征税对象和税目

征税对象，是指对什么东西要征税，有时又称为纳税客体。

例如，商业销售企业的营业额、企业的所得额、个人收入等就是征税对象。

税目，就是征税对象的具体化，是具体的征税对象和范围。

4. 税率

税率，就是对征税对象按多大的比率征税。

税率一般有三种：

①比例税率。即不分征税对象的大小，只规定一个比例的税率，如增值税率、营业税率等。

②累进税率，又称等级税率。即按征税对象数额的大小规定不同等级的税率，征税对象数额越大，税率越高。累进税率又分为全额累进税率与超额累进税率两种。

全额累进税率是把不同纳税人的征税对象按数额大小分成不同等级，税率依次提高，每一纳税人按其所属等级，适用一个税率。

超额累进税率是把征税对象按数额的大小分成若干等级，每一等级规定一个税率，税率依次提高，但每一纳税人的征税对象则依所属等级同时适用几个税率来分别计算，最后相加得出应纳税款的数额。

③固定税率。即按征税对象的单位直接规定固定的税额，而不采用百分比方式。

5. 纳税环节和纳税期限

纳税环节是指在商品的流转过程中，要根据不同的税种，规定应纳税款在什么环节缴纳。

例如，消费税的纳税环节包括以下几个：

①纳税人生产应税消费品，于销售时纳税。

②委托加工的应税消费品，由受托方在向委托方交货时代收缴税款。

③进口应税消费品于报关进口时纳税。

纳税期限即缴纳税金的期限，如按月缴纳、按季缴纳、按年缴纳等。

6. 税收减免

减税是指对应纳税额减征一部分，免税是对应纳税额全部免征。

税收减免的具体内容通常又涉及三个概念：

①起征点，即对纳税对象达到多少时开始征税。

②免征额，即对征税对象中免予征税的数额。

③减征额，即从应纳税款中减少征收的数额。

7. 纳税违法处理

纳税违法处理主要包括以下措施：限期缴纳税金、加收滞纳金、加以罚款、税收保全、强制执行、刑事处罚等。

8. 我国的税收体系

目前，我国实行的是以流转税为主体，流转税与所得税相结合，以其他税收为辅助的税收体系。在流转税中以增值税为主，进行普遍调节；在所得税中又以调节企业所得税为主。

总的来说，我国税收制度包括四大税制：

①流转税制；②所得税制；③资源和财产税制；④目的行为税制。

9. 纳税人应缴纳的主要税种

流转税类：

①增值税；②营业税；③消费税；④关税。

所得税类：

①内资企业所得税；②个人所得税；③外商投资企业和外国企业所得税。

资源和财产税类：

①资源税；②土地使用税；③车船使用税；④房地产税；⑤契税；⑥遗产税（尚未开征）；⑦印花税。

目的行为税类：

①城市维护建设税；②固定资产投资方向调节税；③筵席税；④屠宰税；⑤土地增值税；⑥证券交易税。

8.2 中小企业如何正确认识合理避税

合理避税，又称税收筹划。它来源于1935年英国的“税务局长诉温斯特大公案”。当时参与此案的英国上议院议员汤姆林爵士对税收筹划做了这样的表述：“任何一个人都有权安排自己的事业。如果依据法律所做的某些安排可以少缴税，那就不能强迫他多缴税收。”这一观点得到了法律界的认同。经过半个多世纪的发展，税收筹划的规范化定义得以逐步形成，即“在法律规定许可的范围内，通过对经营、投资、理财活动的事先筹划和安排，尽可能取得节税（Tax Savings）的经济利益。”这一定义表明税收筹划具有以下三个明显的特征：

1. 合法性

表示税收筹划只能在法律许可的范围内进行，违反法律规定，逃避税收业务，属逃税行为。征纳关系是税收的基本关系，税收法律是处理征纳关系的共同准绳。纳税义务人要依法缴税，税务机关也要依法征税，这是毫无疑义的。但是，现实中，企业在遵守法律的情况下，常常有多种税收负担高低不一的纳税方案可以选择，企业可以通过决策选择来降低税收负担、增加利润，税收筹划成为可能。

2. 筹划性

表示事先的规划、设计、安排。在现实经济生活中，纳税义务通常具有滞后性：企业交易行为发生后，才缴纳流转税；收益实现或分配后，才缴纳所得税；财产取得之后，才缴纳财产税，这就在客观上提供了纳税前事先做出筹划的可能性。另外，经营、投资和理财活动是多方面的，税收规定则是有针对性的，纳税人和征税对象不同，税收待遇也往往不同，这就向纳税人表明可以选择较低的税负决策。如果经营活动已经发生，应纳税额已经确定再去图谋少缴税，就不是税收筹划，而是偷逃税收了。

3. 目的性

表示要取得“节税”的税收利益。这有两层意思：一层意思是选择低税负。低税负意味着低税收成本，意味着高资本回收率；另一层意思是滞延纳税时间（有别于违反税法规定的欠税行为）。纳税期限的推后，也许可以减轻税收负担（如避免高边际税率），也许可以降低资本成本（如减少利息支出），不管哪一种，其结果都是税收支付的节约，即节税。从税收筹划的起源和定义可以看出，税收筹划不仅是企业利润最大化的重要途径，也是促进企业经营管理水平的一种方式，更是企业领导决策的重要内容，这也正是税收筹划活动在西方发达国家迅速发展、普及的根本原因所在。

总之，税收筹划是在经营中寻求企业行为与政府政策意图的最佳结合点，成功的税收筹划往往既能使经营者承担的税收负担最轻，又可以使政府赋予税收法规中的政策意图得以实现。因此，从某种意义上来看，即使站在政府宏观调控（比如产业政策等）的立场看，税收筹划活动也是应该鼓励，至少是不可禁止的。

8.3 中小企业常见的合理避税方法有哪些

1. 转让定价避税筹划法

转让定价是指在经济活动中，有经济联系的企业各方在产品交换或买卖过程中为均摊利润或转移利润，进行交易时不依照市场规则和市场价格，根据他们之间的共同利益或为了最大限度地维护他们之间的收入进行的产品或非产品转让。而且在这种转让中，产品的转让价格根据双方的意愿，可高于或低于市场上供求关系决定的价格，以达到少纳税甚至不纳税的目的。比如在生产企业和商业企业承担的纳税负担不一致的情况下，若商业企业承担的税率高于生产企业或反过来生产企业承担的税率高于商业企业，有联系的商业企业或生产企业就可以通过某种契约的形式，增加生产企业利润，减少商业企业利润，或者增加商业企业利润，减少生产企业利润，使他们共同承担的税负及他们各自所承担的税负达到最少。

众所周知，商品价格上的任何增减变化都会带来明显的税收后果。对于具有一定规模、产品品种数量较多的企业来说，产品价格的变动与经济利益有着十分密切的关系。基于价格变动对生产企业的影响，纳税法人和个人往往不遗余力地对价格制度和转让进行分析研究，为寻找最有力的避税方法。将此避税法总结如下：

（1）当甲企业所得税税率较高时，采取低价售出，高价进货，使乙企业实现更多利润，减少所得税税额。

（2）当乙企业所得税税率较高时，采取高价进货，低价出货给甲企业，减少所得税税额。

2. 材料计算避税筹划法

材料计算法是指企业在计算成本时，采取最有利于自己的成本计算法——使成本值最大。

企业生产过程中所需材料的购入价格随市场商品价格的波动而波动，材料供不应求时，价格就上涨；反之，就要下落。材料用于产品生产，材料价格也自然要计入成本。但是在材料市场价格处于变动的情况下，材料费用如何计算成本，直接影响成本值的大小，进而影响利润，影响所得税。

对企业来说，材料采购有两种成本核算法：

（1）实际成本核算法；

（2）计划成本核算法。

其中，实际成本核算法可分为先进先出法、后进先出法、先进后出法和折中计算法等不同方法。

所谓先进先出法是指材料费用计入成本时，根据材料进库时间，按先后次序，将先入库的材料优先计入成本。随后两个方法是采用与先进先出法正好相反的措施，把后进材料的费用先计入产品成本，而先购进的材料后计入成本。折中计算法是将所有进库材料费用平均摊在单位材料上计入成本。

不同计算方法对企业利润多少、纳税多少的影响是不同的，这也是避税者从事避税活动所需研究和实践的一项重要内容。一般来说，由于社会上通货膨胀因素不断增加，因此，原材料价格总是不断上涨。采用后进先出法计算原材料成本，其期末存货价格越接近于期初存货价格，发出材料价值越符合市场价值，则其原材料价格打入成本就高。否则，同样的原材料，先进先出势必使成本价格总是少半拍导致成本不够高。能通过后进先出，将成本调到最高位，对所得税扣除来说，将在避税方面产生有利于企业的影响。

3. 折旧计算避税筹划法

提取折旧是对企业固定资产予以补偿的基本途径。固定资产的损耗包括有形损耗和无形损耗两种。有形损耗是指固定资产在使用过程中由于使用和自然力影响而引起的在使用价值和价值上的损耗；无形损耗是指由于技术进步而引起的固定资产在价值上的损耗。为了使固定资产由于损耗而减少的价值得到及时补偿，应按期间收入与费用配比原则，将其以折旧费用分期计入产品成本和费用。因此，由于折旧都要计入成本，直接关系到成本的大小、利润的高低和纳税额的多少。

折旧计算方法很多，有使用年限法、工作量法、双倍余额递减法和年数总和法。使用年限法即按固定资产的预计使用年限平均计算折旧的方法，是将固定资产原值除以使用年限，提出应提折旧额；工作量法即按固定资产完成的工作量计算折旧的方法；双倍余额递减法是一种加速折旧法，是在固定资产使用初期计提折旧较多而在后期计提折旧较少，相对加速计提折旧的方法；年数总和法也是一种加速折旧法，该方法的特点是计提折旧先多后少，它根据机器的有形无形损耗和科技的发展，以机器寿命计提折旧额。

4. 费用分摊避税筹划法

利用费用分摊法影响企业税负水平时关键在于解决这样两问题：

（1）如何实现最小利润支付；

（2）在费用摊入成本时如何使其实现最大摊入。

费用开支名目繁多，已成为现代企业的一个通病。在规范费用开支的同时，我们也可以通过选择费用分摊筹划法，来达到少交税以维护自身利益的目的。

企业费用开支包括劳务费用开支、管理费用开支、福利费用开支、各项杂费开支等。其中，劳务和管理费用开支最为普遍，也是企业费用开支中两项最主要的内容。劳务费用开支和管理费用开支有多种标准，挥霍浪费的标准也有许多，但最小最低的标准只一个，即它是由企业生产经营活动的需要来决定的。拿劳务费开支来说，任何一个企业生产经营中都有一个劳务使用最佳状点。在这最佳点上，劳动力和各种人员配备使企业利益最大而劳务费用最少。因此，寻找发现这一最佳结合状态点是适用费用分摊法的基础。

那么，怎样寻求最佳状态点呢？现举例说明：

某一企业劳动人员组合状态是一个管理人员配备 3 个技术人员，并由 50 个劳动者一道组成一个生产单位，则各种人员比为 1∶ 3∶ 50；同时，管理人员工资为 100 元，技术人员工资为 120 元，劳动者工资为 60 元，各种人员工资之比为 1∶ 1.2∶ 0.6。

在这种情况下，劳务费用开支最省，即为最佳组合。如果劳务人员不是这样组合，而是 10 个管理人员，1 个技术人员，100 个劳动工人，那么，这时的劳务费用绝对增大了。在这种情况下，即使采取最高超的费用分摊法也很难达到有效避税的目的。经营管理费用开支也是同样的道理。

在了解如何确立费用开支最低标准以后，我们来具体分析一下费用分摊的方法。费用分摊法常常有三种：

（1）实际费用摊销法，即根据实际费用进行摊销，没有就不摊。

（2）平均分摊法，即将一定时间内发生的费用平均分摊在每个产品的成本中。

（3）不规则摊销法，即根据经营需要进行费用摊销，可能将一笔费用集中摊入某一产品的成本中，也可能在一批产品中，一分钱也不摊。这三种方法对企业利润冲减程度和纳税多少各有差异。针对这一点，企业就可以利用这种差异进行有效避税。

5. 技术改造避税筹划法

技术改造是指企业固定资产使用一段时间后，为改善其工作性能和产生更好的收益，而对其进行技术和工艺上的革新、改造。但在实际生活中，选择好技术改造时间能使企业减少税负，获得更多的经济利益。因此，技术改造的时间并非任意，而是一个时机选择的问题，即选择最佳时间，以有利于避税。选得好，企业好处就多，所纳税额就相对减少；反之，企业好处就少，应纳税额就相对增加。

8.4 中小企业为什么要重视财务管理

中小企业的优势不是与生俱来的，有很多的中小企业从组建到解散不过短短的几个月时间，在商海沉浮中，不是每个下海的人都有良好的“水性”，有时我们只看见浮在上面的人，殊不知那沉入水中的又有多少？改革开放初期，目不识丁的年广久在芜湖创出了“傻子瓜子”的牌子，面对迅猛扩张的事业，他缺乏驾驭的能力，仍以小作坊的方式经营管理一个联营公司，最终，“傻子瓜子”衰败了。几年前，上海一中小企业的老总因经济欺诈被判刑，原因是由于资金周转不灵，她将一处房地产反复抵押，骗取上亿元资金，最终被关入大牢。据说她的公司管理混乱，几百万元的资金放在纸箱子里，亲戚朋友一通乱拿。这位由卖三黄鸡、马海毛到经营房地产出身的女老板，最终吞下了自己种的苦果。

由以上两个例子可以看出，对于中小企业而言，管理，尤其是科学有效的管理是很重要的。而管理又可分为人力资源管理、市场营销管理、财务管理等众多方面。

1. 中小企业财务管理普遍存在的弊端

（1）中小企业在财务管理方面还很薄弱。

对于我国的一些中小型中小企业来说，建立健全会计制度都还是个问题，会计人员业务素质较低，有的公司则干脆没有财务人员，记个流水账完事。由于账目较为混乱，想要依靠这些账目进行财务管理则是难上加难，公司的资金很容易在管理者的眼皮底下溜走，一本糊涂账，谁说得清呢？

（2）中小企业业主对财务管理不重视。

很多中小企业的老总只知道苦卖力气，开拓市场，扩展公司事业。在增强公司对外扩展能力的同时忽略了公司“内在修养”的提高。据调查，有40%的老总看不懂财务报表；有10%的公司没有文字章程。做起事来全凭主观想像，想起什么做什么，什么市场调查，什么投资分析，统统没有。在我国目前生产力水平低下的情况下，小规模经营下或许还可以维持，那么今后怎么办？除了那些捞一把就算的私企老板，大多数私企老板应想想出路了。在财务管理上下功夫是规范公司管理的第一步。

（3）凭经验决策，财务管理地位不高。

小规模非科技型中小企业，其决策模式主要为经验决策。中小企业在经营决策方面有着高效率的优势，但决策程序较粗糙，决策所需的信息中，相当程度仍使用以供销人员为主体的偶遇式的市场信息收集方式，信息的收集处理利用无规范的规则，财务人员极少参与收集分析信息，使得决策信息的准确度较差，决策的可靠度低。公司的财务管理也未受到应有的重视，在大部分中小企业里，财务人员被当作记账员，主要负责对外提供财务与纳税报表。

（4）财务人员业务素质低，财务管理职能作用不大。

中小企业在发展初期，人与人的关系基于血缘关系和地缘关系，对团体以外的人存在着一种排斥的心理。在财务这一敏感部门，“忠诚度”成为用人的重要标志，无血缘、乡缘关系的财务管理群体很难与家族势力平衡。所以，在小规模低层次的中小企业，真正的财务专业人才很难留住，财务人员大多未经正规的专业培训，缺乏财务管理的能力，难以为管理高层提供有效的财务信息。

2. 中小企业重视财务管理的作用

（1）重视财务管理有利于完善中小企业的内部管理制度。

对于中小企业而言，财务管理的确很重要。通过有效的财务管理，你可以及时发现经营中的问题，并采取强有力的措施及时加以纠正，具体如图 8－1 所示。

这月的费用为什么那么高？

⇩

是什么费用增加的如此之快呢？

⇩（查出原因）

管理费用支出增长较快

⇩（更细的原因）

差旅费增加过快，交际应酬增加费用很多

⇩（疑问）

这些费用合理吗？

⇩（调查结果）

存在不合理因素，有人借用出差去旅游，还有的员工借用公司名义请客吃饭

⇩（反映）

制定差旅费标准及更严格的规章制度加以限制，对责任人进行处罚

图 8－1　费用引发的财务管理反馈

可见，通过有效的财务管理可以逐步完善公司的内部控制制度，使公司经营效率更高。

（2）重视财务管理有利于降低资金成本，更好的筹资。

对于中小企业而言，筹资对公司的顺利经营起了重要的作用。

公司筹集资金的渠道有很多，如何选择合理的渠道，有效地降低公司的筹资成本，就成为私企业主经常思考的问题，而财务管理将帮你做到这一点。

（3）重视财务管理可以更有效的进行投资，提高中小企业投资收益率。

财务管理在投资的决策和执行阶段作用匪浅。决策阶段，财务管理可以帮助你找到好的投资项目；执行阶段，财务管理可以做好有效的监督工作，保证投资的预期收益可以得以实现。

随着市场的日益完善，昔日那种横冲直撞的经营方式对中小企业而言似乎已经过时了，“管理”成为社会的热门话题。俗话说得好，“创业容易守业难”，私企老板们是不是有同感呢？注重公司的财务管理必然会成为一种趋势，作为时代弄潮儿的中小企业可千万不要轻视。

8.5 有效的财务管理制度包括哪些方面

中小企业的财务管理制度是一个有机结合的整体。关于这点在这里我们就不再复述了。从横向上来看财务管理制度包括以下几方面：

1. 经营计划与资金管理制度

包括经营计划制度、资金预算制度、资金控制制度、资金管理制度、零基准预算制度等。其中每项制度都设计了管理应有什么样的计划、应考虑哪些事项、应有什么样的原则、计划拟订及执行的步骤应怎样、计划的内容应是怎样、应有什么样的财务支持，等等。

2. 利润中心管理制度

主要决定公司的利润中心的组织原则、管理方式、资产划分及酬金分配等基本事项，明确利润中心的责任。

3. 财务部门负责人工作责任制度

主要明确财务部门人员的工作内容、工作职权和财务部门人员的相关责任。

4. 财务控制制度

对公司经营而言，财务控制制度包括内容较多，也是公司内部管理的重点之一，包括资产控制制度、零用资金管理细则、费用开支标准、各类资金审批权、借款及各项费用开支标准及审批程序、关于财务分析撰写规定、内部稽核制度及收支稽核等。

5. 财产管理制度

包括公司财产管理办法、固定资产管理制度、财务盘点制度、不动产管理规定、设备管理制度、工具管理制度、仪器仪表管理等。

6. 投资与筹资管理制度

如中小企业股票处理办法，投资项目档案管理、经济合同管理规定，信用管理规定，筹资管理规定，业务单、证、手册管理规定。

7. 税收管理制度

一般公司都应制定纳税人办理税务登记流程图、及时到征收分局办理纳税事项流程图，便于财务人员缴税。

8. 会计管理制度

这里我们将会计管理制度包含在财务管理制度之中，包括财务、会计、稽核单位工作、职责、管理规章、会计业务处理制度、会计档案管理制度、收款管理制度、统计管理制度、内部管理制度。

9. 薪资管理制度

包括公司薪资管理办法，职能工资管理制度，技能工资、计件工资等管理办法，津贴、外勤补贴、奖励、奖金管理办法等。

10. 相应处罚规定

以上各项制度，如果有人违反需制定相应的处罚条例，可以并入相应规章，也可以单列出一份做明确规定。

可以说，以上内容较为全面地概括了中小企业财务管理制度的各个方面。但是并不是每一个中小企业的财务管理制度都必须完全包括上面的各个部分。各公司要根据自身的情况、行业状况、经营特点、规模、人员结构等从以上几个方面制定适合自己的财务管理制度，具体见图 8－2。

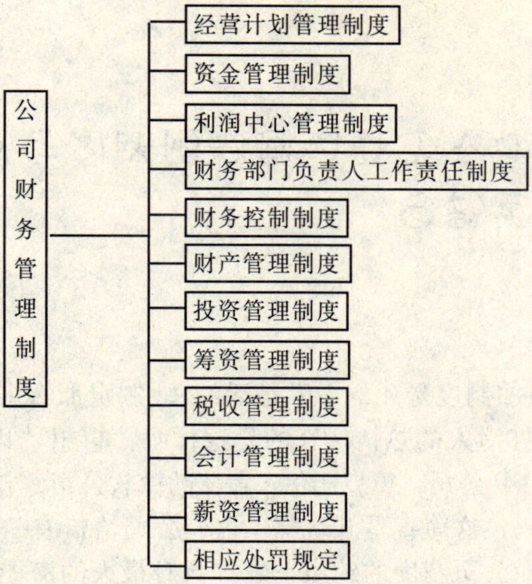

图 8－2　公司财务管理制度

8.6 中小企业如何做到制度与人的完美结合

人们常说："制度是死的，人是活的"。制定那么多的制度，会限制人的行为，打消人的热情。真的是这样吗？想想"以人才为核心，以人为本"的HP公司，想想比尔·盖茨的微软公司，它们难道没有制度，没有规章吗？这简直是开玩笑。这些公司恰恰有一套有效的运作方式，使员工在公司制度的约束下发挥自身最大的潜能。制度的形式大同小异，制度的内容却体现出公司管理层的水平与才智。一家成功的公司，当然要做到制度与人的完美结合。

这里我们举个小小的例子，西洛斯·梅考斯是美国国际农机商用公司的老板。他是一个非常坚持原则的人，如果有人违反公司制度，他必定是毫不客气，按章处罚。但这并非他完全不讲人情。一次，一个老工人上班迟到而且耍酒疯，梅考斯当即同意有关部门作出开除这个工人的决定。后来他得知这个工人妻子刚刚死了，留下两个孩子，一个不小心摔断了腿，另一个没有奶吃，整天哭闹，所以他才借酒消愁误了上班。梅考斯当即掏出一大笔钱帮这个工人应急，将这个工人安排到自己的一家农场当管家，既坚持了原则，又保障了工人的生活，不至于使他落入更悲惨的境地。这件事极大地鼓舞了公司的员工，大家认为梅考斯是关心员工的人，也是值得为之拼命工作的人。①

西方对人的行为科学的研究取得长足的进展，人不是一种简单的"经济动物"而是"社会人"。公司的规章制度在制定时，要充分考虑这方面的因素，给员工一种自主权的同时明确员工的责任、义务。公司的高层管理人员更应以身作则，身体力行，做员工心中的典范。以人为本并不是放任自流，而是一种恰到好处的关怀，这种关怀可以作为死板规章制度的润滑剂，使公司这个大机器和谐地运作起来。

中小企业在制定公司财务管理规章制度时应考虑以下几个因素：

（1）公司财务管理制度的目标是什么？

---

① 参见何跃青著：《小问题大管理》，地震出版社 2005 年版。

（2）公司财务管理方面发生过哪些问题？找出制度制定的重点范围。

（3）这样做之后员工会有什么样的反应？这些反应合理吗？是原有的既得利益消失了，还是制度本身有问题？

（4）财务管理制度的可执行性如何？

（5）公司员工的整体素质如何？是否应在某些方面做额外的规定？

（6）哪些员工是公司经营的核心力量？应该给他们什么样的报酬？其他员工会怎样？

（7）如果有员工违反公司规章制度是否可以及时采取处罚措施？如果确有内情应如何处理呢？

（8）如何保障财务管理信息如实反馈？公司中的人情债怎样处理？

（9）财务管理制度应如何继续完善？

如果制度的制定者将这些因素考虑其中，制定出的制度既能体现制度本身的严格性、规范性，同时也留有一定余地，由管理人员从中协调。这种余地绝不是为寻私留下空间，而是本着实事求是的原则，更好地提高公司员工的凝聚力，不伤害员工自尊心的一种方式。

财务管理制度与人事管理制度是相辅相成的，中小企业要做到这一点就需不断地向国际上知名的大公司学习、向周围经营管理好的公司取经，千万别束缚了自己的手脚，而要让它们拧成一股绳将公司拉向辉煌的彼岸。

8.7 “杜邦财务分析体系”是什么

杜邦财务分析体系首先由美国杜邦公司的经理创造出来，故称之为杜邦系统（The Du Pont System），它并不是什么新的分析方法，而是在比率分析的基础之上创造的一个综合分析体系。虽然它的产生已有几十年，但是对于今天中小企业进行分析与决策还有一定的借鉴作用。

1. 杜邦分析图

在介绍杜邦分析图之前，让我们首先介绍一下该图的核心指标之一“权益乘数”。

权益乘数，表示公司的负债程度，权益乘数越大，公司的负债程度越高。其公式为：

权益乘数 = 1 ÷ (1 − 资产负债率)

杜邦分析图如图 8 − 3 所示。

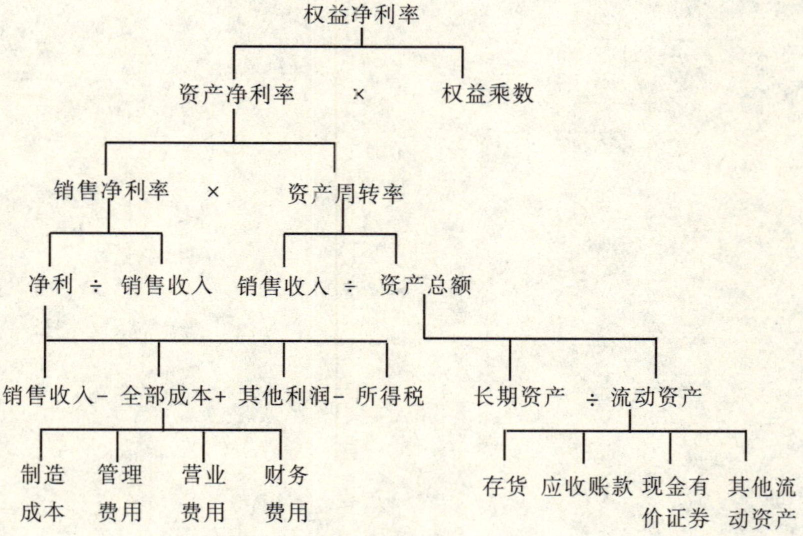

图 8 − 3　公司杜邦分析图

由图 8 − 3 得到以下公式：

权益净利率 = 资产周转率 × 权益乘数

资产净利率 = 销售净利率 × 总资产周转率

权益净利率 = 销售净利率 × 总资产周转率 × 权益乘数

2. 杜邦分析体系的运用

杜邦分析体系主要是通过指标的层层分解从而找出问题之所在。

从上面公式可以看出，决定权益净利率高低的因素有三个方面，任何一个因素发生升、降的变化，权益净利率都会发生变化。

（1）权益乘数主要受资产负债比率的影响。公司的负债比率越大，权益乘数就高。公司获得了较多的财务杠杆的利益，同时公司的风险也提高了。

（2）销售净利率要从销售额与销售成本两方面分析，分析时可参见公司有关盈利能力指标的分析。

（3）资产周转率的分析需对影响资产周转的各因素进行分析，除了对资产各构成部分在占用量多少及比重进行分析外，还可以通过对流动资产周转率、存货周转率、应收账款周转率等有关各资产组成部分的使用效率进行分析，判断问题出在哪里。

下面就如何利用杜邦分析体系进行分析举个小小的例子。

下面以一家上市公司为例，说明杜邦分析法的运用。

其基本财务数据如表 8－1 所示。

表 8－1　　公司 2008～2009 年度基本财务数据

单位：万元

项目 / 年度	净利润	销售收入	资产总额	负债总额	全部成本
2008	10 284.04	411 224.01	306 222.94	205 677.07	403 967.43
2009	12 653.92	757 613.81	330 580.21	215 659.54	736 747.24

该公司 2008～2009 年度财务比率见表 8－2：

表 8－2　　公司 2008～2009 年度基本财务比率

财务比率 / 年度	2008（年）	2009（年）
权益净利率	0.098	0.112
资产负债率	0.672	0.652
权益乘数	3.049	2.874
资产负债率	0.672	0.652

续表

年度 财务比率	2008（年）	2009（年）
资产净利率	0.032	0.039
销售净利率	0.025	0.017
总资产周转率	1.28	2.29

（1）对权益净利率的分析。

权益净利率指标是衡量企业利用资产获取利润能力的指标。权益净利率充分考虑了筹资方式对企业获利能力的影响，因此它所反映的获利能力是企业经营能力、财务决策筹资方式等多种因素综合作用的结果。

该公司的权益净利率在2008～2009年间出现了一定程度的好转，分别从2008年的0.098增加至2009年的0.112。企业的投资者在很大程度上依据这个指标来判断是否投资或是否转让股份，考察经营者业绩和决定股利分配政策。这些指标对公司的管理者也至关重要。

公司经理们为改善财务决策而进行财务分析，他们可以将权益净利率分解为权益乘数和资产净利率，以找到问题产生的原因。

权益净利率＝权益乘数×资产净利率

2008年　0.098＝3.049×0.032

2009年　0.112＝2.874×0.039

通过分解可以明显地看出，该公司权益净利率的变动在于资本结构（权益乘数）变动和资产利用效果（资产利净利率）变动两方面共同作用的结果。而该公司的资产净利率太低，显示出很差的资产利用效果。

（2）分解分析过程：

权益净利率＝资产净利率×权益乘数

2008年　0.098＝0.032×3.049

2009年　0.112＝0.039×2.874

经过分解表明，权益净利率的改变是由于资本结构的改变（权益乘数下降），同时资产利用和成本控制出现变动（资产净利率也有改变）。那么，我们继续对资产净利率进行分解：

资产净利率＝销售净利率×总资产周转率

2008年　0.032＝0.025×1.28

2009年　0.039＝0.017×2.29

通过分解可以看出2009年的总资产周转率有所提高，说明资产的利用得到了比较好的控制，显示出比前一年较好的效果，表明该公司利用其总资产产生销售收入的效率在增加。总资产周转率提高的同时销售净利率的减少阻碍了资产净利率的增加，我们接着对销售净利率进行分解：

销售净利率 = 净利润 ÷ 销售收入

2008 年　0.025 = 10 284.04 ÷ 411 224.01

2009 年　0.017 = 12 653.92 ÷ 757 613.81

该公司 2009 年大幅度提高了销售收入，但是净利润的提高幅度却很小，分析其原因是成本费用增多，从表 7 - 2 可知：全部成本从 2008 年 403 967.43 万元增加到 2009 年 736 747.24 万元，与销售收入的增加幅度大致相当。下面是对全部成本进行的分解：

全部成本 = 制造成本 + 销售费用 + 管理费用 + 财务费用

2008 年　403 967.43 = 373 534.53 + 102 03.05 + 18 667.77 + 1 562.08

2009 年　736 747.24 = 684 559.91 + 21 740.96 + 25 718.20 + 4 728.33

通过分解可以看出杜邦分析法有效地解释了指标变动的原因和趋势，为采取应对措施指明了方向。利润提高幅度不大，而销售收入大幅度增加，就引起了销售净利率的减少，显示出该公司销售盈利能力的降低。资产净利率的提高应归功于总资产周转率的提高，销售净利率的减少却起到了阻碍的作用。

由表 8 - 2 可知，该公司下降的权益乘数，说明它们的资本结构在 2005 ~ 2006 年发生了变动，2006 年的权益乘数较 2005 年有所减小。权益乘数越小，企业负债程度就越低，偿还债务能力越强，财务风险程度越低。这个指标同时也反映了财务杠杆对利润水平的影响。财务杠杆具有正反两方面的作用，在收益较好的年度，使股东潜在的报酬下降。该公司的权益乘数一直处于 2 ~ 5 之间，即负债率在 50% ~ 80% 之间，属于激进战略型企业。管理者应该准确把握公司所处的环境，准确预测利润，合理控制负债带来的风险。

因此，对于该公司，当前最为重要的就是要努力减少各项成本，在控制成本上下力气。同时要保持自己高的总资产周转率。这样，可以使销售利润得到提高，进而使资产净利率有大的提高。

8.8 中小企业还可利用哪些财务分析方法

中小企业在进行分析时，除了比率分析法外还有很多分析方法可以利用。也许有的中小企业早已利用了这些分析方法，只是没有意识到这种方法真的存在一定的科学性。那么让我们将这些方法上升到理论的高度加以总结并一一为你介绍。

1. 横向比较法

横向分析又称动态分析，是指前后两期财务报表间相同项目变化的比较分析，可以将连续两年或多年的会计数据排列在一起，将数据进行“绝对金额增减”与“百分率增减”分析并编制和比较财务报表，以揭示各项目在一定时期内发生的绝对金额和百分率的变化情况。

其百分比计算公式如下：

变动百分比 =（今年数额 − 前一年数额）÷ 前一年数额 × 100%

2. 纵向比较法

纵向分析又称静态分析，是指同一时期财务报表中不同项目之间的比较与分析，主要是通过编制“共同比报表”进行分析。

将财务报表中的某一重要项目的数据作为100%，然后将报表中其余项目余额都以这个重要项目百分率的形式纵向排列，从而揭示出各项目的数据在企业财务中的相对意义。如以资产总额为100%，再将流动资产、非流动资产各项目与之相比，计算出各项目比重。这种共同比还可以运用于不同公司之间的比较。

3. 趋势百分比分析

趋势百分比分析也叫指数分析。它是指将连续多年的财务数据集中在一起，选择其中某一年份作为基期计算每一时期各项目对基期同一项目的百分比或指数，以揭示各期间财务状况的发展趋势。

其基本公式为：

某期趋势百分比＝报告期金额÷基期金额

例：某中小企业2005、2006、2007、2008、2009年度，销售收入分别为6 940 000元、7 650 000元、8 000 000元、9 990 000元和9 986 660元，则由此计算销售收入变化如表8－3所示。

表8－3　　销售收入的趋势百分比分析

	2005年度	2006年度	2007年度	2008年度	2009年度
销售收入	100%	113.8%	110.2%	115.3%	143.9%

4. 因素分析法

主要是利用各因素之间的数量依存关系，通过因素替换，从数额上测定各因素变动对某项综合性经济指标的影响程度。如在前面讲到的成本控制就属于因素分析法。

在实际运用中，中小企业可以将几个方法综合加以运用，从而对公司的状况更好地加以分析，并由此制定出科学的决策。

8.9 中小企业如何用比率分析法估计整体实力

中小企业进行财务管理则需要对公司的整体财务情况进行分析。在这一问题上，西方先进的财务管理的分析手段为我们提供了宝贵的经验。本节主要讲述如何利用比率分析法对公司的整体实力进行评价。中小企业可以用以下比率对公司的整体财务状况进行分析。

1. 变现能力比率

变现能力比率可以衡量公司产生现金的能力。变现能力是衡量公司资产流动性的最好指标。

（1）流动比率。

公式:流动比率 = 流动资产 ÷ 流动负债

评价：公司的流动资产越多，短期债务越少，则公司的偿债能力越强，即流动比率越大，公司的资产变现能力越好，偿债能力越强。

（2）速动比率。

公式：速动比率 = （流动资产 - 存货） ÷ 流动负债

评价：通常认为正常的速动比率为1，行业不同，速动比率也会有所差别。是流动比率的有力补充。

2. 资产管理比率

（1）营业周期。

公式：营业周期 = 存货周转天数 + 应收账款周转天数

评价：营业周期短，说明资金周转速度快，资产管理能力强；反之，说明资金周转速度慢。

（2）存货周转天数。

公式：存货周转率 = 销售成本 ÷ 平均存货

存货周转天数 = 360 ÷ 存货周转率

其中:平均存货 = (期初存货 + 期末存货) ÷ 2

评价：存货周转率越高，公司资金周转越快；存货周转天数越长，公司资金周转越慢。

（3）应收账款周转天数。

公式：应收账款周转率 = 销售收入 ÷ 平均应收账款周转天数

= 360 ÷ 应收账款周转率

其中："销售收入"来自损益表，是指除折扣和折让后的销售净额；"平均应收账款"是指未扣除坏账准备的应收账款金额。

评价：应收账款周转率越高，平均收账期越短，说明应收账款收回越快。

（4）依据以上公式，还可以推出流动资产周转率与总资产周转率，其评价与（2）、（3）类似。

流动资产周转率 = 销售收入 ÷ 平均流动资产

总资产周转率 = 销售收入 ÷ 平均资产总额

3. 负债比率

负债比率反映公司偿付到期长期债务的能力，主要是指债务和资产、净资产之间的关系。

（1）资产负债率。

公式：资产负债率 =（负债总额 ÷ 资产总额）× 100%

注：公式中的资产总额是扣除累计折旧后的净额。

评价：资产负债率大，债权人不愿继续借债，经营者的经营风险也会加大；但保持适度比例有利于有效的利用财务杠杆的力量。

（2）产权比率。

公式：产权比率 =（负债总额 ÷ 股东权益）× 100%

或：产权比率 =（负债总额 ÷ 所有者权益）× 100%

评价：该指标反映公司的基本财务结构是否稳定。一般来说，产权比率小于1较好。产权比率高是高风险，高报酬的财务结构；反之，是低风险，低报酬的财务结构。

（3）已获利息倍数。

公式：已获利息倍数 = 税息前利润 ÷ 利息费用

评价：该指标用以衡量偿付借款利息的能力。已获利息倍数越大越好，如果接近1或小于1，对公司而言可不是一个好兆头。

4. 盈利能力比率

盈利能力是公司赚取利润的能力，不论是公司的投资人还是债权人，都日夜关注这几项指标：

（1）销售净利润率。

公式：销售净利率＝（净利润÷销售收入）×100%

评价：该指标反映每1元销售收入带来的净利润为多少，可以促进公司在扩大销售的同时，注意改进经营管理，提高盈利水平。

（2）销售毛利率。

公式：销售毛利率＝（销售收入－销售成本÷销售收入）×100%

分析：表示每1元销售收入扣除销售成本后，有多少钱可以用于各种期间费用和形成盈利。

（3）资产净利率。

公式：资产净利率＝（净利润÷平均资产总额）×100%

平均资产总额＝（期初资产总额＋期末资产总额）÷2

分析：该指标表明公司资产利用的综合效果。资产净利率＝销售净利率×资产周转率，因此利用它可以分析经营中存在的问题，提高销售利润，来加速资金周转。

（4）净资产收益率。

公式：净资产收益率＝净利润÷平均净资产×100%

其中：平均净资产＝（年初净资产＋年末净资产）÷2

注：净资产即公司的所有者权益。

评价：它反映了公司所有者权益的投资报酬，具有很强的综合性，与“杜邦分析法”关联很大。

这里再强调一点，中小企业利用财务比率进行分析时，可以进行横向的比较与纵向的比较，单纯的比率说明问题能力较差。也就是说，应将比率分析与比较分析结合起来。

所谓横向比较是将本企业、本公司计算的结果与行业内其他企业，其他公司进行比较。如果公司的经营是跨行业的，则可以选择与自己经营范围相差不大的公司进行比较。这样才能知道自己在哪些方面还有所欠缺。

所谓纵向比较是将本企业、本公司历年的历史数据计算出的结果进行比较，可以发现自己在哪些方面做得好，哪些方面还需继续努力。

总之，比率分析是分析的基本工具，也是公司进行决策的前提，对中小企业进行财务管理帮助很大。很多复杂的分析系统都是建立在比率分析的基础之上的。

8.10 中小企业如何斩断伸向“现金”的黑手

中小企业每天流进流出的货币资金很多，现金的收支也很频繁。试想一下如果公司只有一名会计而收钱记账都是一人的事，当收到一笔款项后，会计可以不记账，并毁掉相关凭据，经理如果忘了还有这么一笔收入，那这笔现金可就不知去向了。事实上，任何一个公司的经理也不会那么傻，公司往往会安排两个人，一个人记账，审核凭据，另一个人收取现金，这种制衡监督的方法也是现金管理的最基本方法。那么还有哪些措施可以有效的防止“黑手”伸向公司的现金呢?

1. 明确由谁来负责公司现金管理

首先要指定一个人来负责现金管理，而其他任何人员不得干涉公司的现金收支。这样就有效防止其他人员利用工作之便接触公司现金。

2. 规定零用金暂支的最高标准

有时由于工作需要，一些部门需要预支一部分零用金，公司应根据实际情况规定一个标准。并同时规定经手人应在一定期限内（如一周内）取得正式发票或收据并加盖经手人与主管人费用章后，由现金管理人冲转借支。还可以再加上一条，如果超过一定期限（如一周）未办理冲转手续时，则该款项转入经手人私人借支户，并在当月发薪时一次扣还，这样做的意义在于保全公司资产。

3. 现金管理与记账相分离

管钱的不管账，管账的不管钱，省得发生事情时大家说不清。

4. 逐日逐笔登记现金日记账

现金日记账一般由现金的管理者来负责登记，并定期与会计的总分类账相核对。

5. 认真保管凭证

中小企业的凭证保管比较薄弱，针对这一情况，中小企业有必要加强会计凭证的保管。

6. 定期对公司现金业务进行检查

“账”不是记完就完了的，只有定期检查才能发现其中的问题。

(1) 首先要检查公司的“钱账是否分离、支出是否经过审批”，最关键是看钱账是否真的分离，比如出纳王小姐由于休产假，让会计李小姐代替其工作，实际上在王小姐休假期间，钱账是没有分离的。看收支是否经过审批、现金支付凭证是否经过复核才付款，主要是明确每笔现金支出的责任人，以便发现问题、落实责任。

(2) 检查货币资金与账实是否相符，如有不符，及时查明原因。公司应定期盘点现金并编制现金清点表。

(3) 检查各项货币资金收支业务及其原始凭证是否合规、完整、合法、合理；各项手续是否齐全，有无营私舞弊、违纪违法的收支业务。检查与现金有关的收款收据、发票是否由专人保管，顺序编号，领用鉴章，存根复核和定期清查盘点。

(4) 查看现金日记账是否每天结出余额，抽查合计数和余额计算是否正确，并与总账现金账户的余额进行必要核对。审查入账凭证号数，看看是否按顺序入账，有无颠倒并查明原因；对于摘要语意含糊或与经营活动无关的收付业务和文意清楚的违规违纪收付业务等要严加审查。

(5) 检查现金收付业务凭证，按现金日记账的记录审核记账凭证和所附原始凭证，核对账、证记录是否一致，审核记账凭证反映的数额是否与所附原始凭证反映的数额相符；审查原始凭证的真实性和记录经济业务的合法性、合规性，如凭证有无涂改、刮补、伪造的迹象；审核记账凭证的分录（包括总账科目和明细账科目）是否反映了原始凭证记录的实际情况，是否符合对应关系的要求。

（6）为了防止财务人员挪用现金，可以突击查库，看有无现金日记账上结余存款额多，而实际库存现金少，或以白条抵库的情况。

以上给出的几点都是从制度设置上保证公司现金的安全。及时检查现金业务是最有效的防止现金流失的方法，也达到管理中控制反馈的要求。此外，公司还可以利用人力资源管理来防止“黑手”伸向现金，那就是选择责任心强、对公司忠诚度高同时又不善于搞人际关系的人来负责该项业务，在一定程度上也会降低现金流失的风险。

8.11 中小企业怎样对待会计错误和舞弊

什么是会计错误和舞弊呢？简单地说就是虚假记载，只不过前一种是会计人员笔误造成的数字颠倒或账户记串，或是加总错误；而后者是由于行为主体主观上采取有关伪造、掩饰的手法造成的。这种虚假记载有时会给公司带来利益损失，这当然是公司的经营者不愿意看到的情况；即使对公司无害处，也是不符合国家会计制度，一旦受到惩罚也是公司一笔损失。会计错误舞弊也可以说是伸向公司的一只“黑手”。那么应如何斩断这只“黑手”呢？

1. 及时发现假账的疑点并捕捉相关信息

会计错误或舞弊由于其具有不真实性、不确定性的特征，发生后，总会在会计凭证或其他相关方面留下或明或暗，或多或少的痕迹或线索，管理人员可以由此发现其中的疑点。

及时发现疑点很大程度上取决于公司内部财务会计控制系统的严密性，这就与上一节讲到的知识结合起来。内部控制系统可以有效地减少查错的盲目性。

在检查时管理人员可以选择顺查的方法也可以选择逆查的方法。所谓顺查是指按会计凭证、会计账簿、会计报表的顺序依次进检查。如果将这个方法倒过来则称为逆查。一般规模较小的中小企业可以运用顺查的方法，这样查比较彻底；公司规模较大时，应将两种方法结合起来，以提高工作的效率。

一般收集相关信息可以选择详查与抽查两种方法。详查即详细地全面审查每一个账户、每一张凭证。而抽查则是选择一部分业务有重点的检查。中小企业在实际工作中应将两种方法有机结合起来。

所谓的疑点是指异常数据、异常时间、异常地点及异常往来单位、异常业务等。让我们来举个简单的例子，比如单价 3 500 元若属于“固定资产”账户是正常的，若属于“低值易耗品”，账户则不正常。

2. 利用核对法，检查有关内容是否相符

（1）证证核对。

将科目汇总表汇总记账凭证与原始凭证相核对。比如记账凭证上金额为312元，但所附原始凭证为213元，则可能是由于会计差错，或由于会计舞弊，多列支出，贪污了99元。除了核对金额以外还应该对时间，如果时间上相差两三个月则可能是未及时入账或挪用公款。

（2）账证核对。

将会计账簿与会计凭证相互核对以查出多记、少记、重记或漏记。

（3）账账核对。

将总账与明细账，资产账户与负债，所有者权益账户相比较；同时也可以对比明细账，如将“产成品”账户与“产品销售收入”明细账在产成品出库与销售的数量、金额方面对应。

（4）账实核对。

即将账簿中的经济业务与实际的经济业务相互比较，如库存现金、固定资产。

（5）账表核对。

将会计报表如资产负债表中各项数字与相关账户进行比较。

（6）表表核对。

由于会计报表之间存在勾稽关系。因此利用表表核对，可以检查出不正常的对应关系。

3. 注重账外信息，顺藤摸瓜

管理人员单靠检查会计凭证账户、报表有时工作量很大，且由于舞弊的隐蔽性无法及时发现问题，这时账外信息可以帮助检查人员。比如如果发现最近财会人员的消费水平明显提高，带钻石戒指、穿高档时装，那就要看看公司的资金是否被挪用。

一旦发现与查账有关的信息就要充分利用这一信息顺藤摸瓜，查出原因。在查证过程中可以采用调查询问的方法进行取证。如果涉及外单位，还应利用电话或信函进行联系以确定业务的真实性。

4. 假账调整，落实责任

发现假账证实是会计错误或舞弊后不能不了了之，这样公司的损

失还是无法弥补的，只有恰当、合理地调整，才能真正发挥假账的甄别的监督与控制作用。

在进行调账后应针对实际情况，落实事故责任，属于会计自身问题，对会计人员进行单独处理，对于单位员工相勾结或与外单位勾结，而会计人员疏忽大意，则对相关人员进行处理。如果超过了公司已有的规章制度处罚范围可以利用法律武器保护自身的利益。

正如前面所说，完善的内部控制制度是公司斩断这只“黑手”的有力武器。目前多数国内的中小企业账目不清。其中有公司管理层主观的因素，希望少交税，也有人员素质的问题，不知道账该怎么记。但这里希望中小企业的经营者明确这一理念，公司经营是为自己的利润最大化，为公司整体效益最大化，记账不只简单的为了交税，为了满足国家的需要，相对而言，它更是完善公司内部管理的一个重要手段，是公司财务管理的一部分。账目不清，也许会少交一些税，但也为其他人挖公司“墙角”提供了机会，同时，也会在公司中形成一种不良风气——大家离心离德，只想自己暴富。因此，只有真正改变经营理念才能最终斩断这只“黑手”。

第9章　中小企业财务报表分析

9.1　财务分析的主要内容

企业财务分析的内容主要包括：资产营运能力分析、获利能力分析、股利政策分析、偿债能力分析、现金流量分析。需要说明的是，工业企业中产品制造成本分析，不属于现代企业财务分析的内容，这是因为：按照国际会计惯例和我国企业会计准则，企业不需要对外提供成本报表和有关成本资料，企业外部财务报告使用者无法取得成本分析资料；成本预测、决策、控制、分析和考核等属于管理会计的内容。

1. 资产营运能力分析

资产营运能力是用来评价企业资产利用效率的指标。一般用某项资产在一定时期内的周转次数或资产周转一次所需要的时间来表述。

例如，某企业年平均存货占有余额为100万元，全年产品销售成本为500万元，则该企业一年内存货周转了5次（500/100），存货周转一次所需的时间为72天（360/5）。在企业获利的情况下，企业资产周转速度越快，则企业的获利能力越强。假设上述企业存货每周转一次实现的毛利为20万元，则周转5次可实现的毛利为100万元。如果企业缩短存货周转天数为60天，则一年内存货周转次数为6次，企业可实现的毛利为120万元。

反映企业资产营运能力的指标主要有：

（1）存货周转率。

（2）应收账款周转率。

（3）流动资产周转率。

（4）固定资产周转率。

（5）总资产周转率等。

2. 获利能力分析

获取利润是企业经营的最终目标，是企业生存和发展的基础。它不仅关系到投资者的利益，也关系到债权人以及企业经营管理者的切身利益。因此，获利能力是企业投资者、债权人以及经营管理者共同关心的一个重要指标。获利能力分析是企业财务分析的重要组成部分，也是评价企业经营管理水平的重要依据。由于利润是企业的最终财务成果，它既与各项经营活动密切相关，又与企业各种资产、负债和权益相关，因此财务管理人员通过分析影响企业利润的各种因素，可为生产经营决策提供重要的财务信息。

评价企业获利能力的财务指标主要有：资产报酬率、股东权益报酬率、销售毛利率、销售净利率、成本费用利润率等，股份制企业还应分析每股收益、每股净资产等。

3. 股利政策分析

股利政策分析是对企业税后净利润分配情况的分析。企业是否进行利润分配、企业利润分配方式、分配股利的数量等是企业股利政策分析的重点。

评价企业股利政策的指标主要有：股利分配率、资本派利率等。

4. 偿债能力分析

企业偿债能力是指企业对到期债务还本付息的能力。企业归还到期债务，需要足够的现金作保证，因此，在某种程度上企业偿债能力也就是企业筹措现金的能力。在企业债务数额、利率、偿还期限既定的情况下，企业偿债能力决定于企业资产的变现能力、企业获利能力、企业增资扩股能力和再贷款能力。企业的负债分为流动负债和长期负债，因此企业的偿债能力也相应地分为短期偿债能力和长期偿债能力。

反映企业短期偿债能力的分析指标主要有：

（1）流动比率。

（2）速动比率。

反映企业长期偿债能力的分析指标主要有：

（1）资产负债率。

（2）债务与有形资产比率。

（3）利息保障倍数。

5. 现金流量分析

现金流量包括现金流入和现金流出，现金流量分析就是要分析企业一定时期内现金流入、流出的原因以及现金流动的合理性。

9.2 财务分析的具体办法

企业财务分析的主要方法有：比率分析法、比较分析法、因素分析法等。

1. 比率分析法

一个比率可以通过任何一对数字计算出来。由于财务报表中有大量可变量，因此可以计算出一系列对企业财务报表使用者有用的比率。事实上，统一标准的比率目标或标准的计算方法并不存在。不同的报表使用者和信息提供者在进行财务报表分析时，可能应用不同的比率指标。这里介绍的只是那些最为常用和为大多数财务报告分析者所接受的比率。进行比率分析时，应注意一对数字的相关性。

当一个财务比率所涉及的两个数字都来自资产负债表时，这两个数字要么都用期末数，要么都用期初数。

财务比率包括资产周转比率、获利能力比率、偿债能力比率等。

2. 比较分析法

比较分析法是把两个或几个有关的可比财务数据进行对比，从数量上确定差异及差异原因的一种分析方法。比较分析法是财务分析中最基本的分析方法。主要有如下的比较：

（1）本期的实际指标与前期的实际指标相比较。

它是一种同类指标的动态对比。通过这种对比，可以了解公司财务状况的现状和发展趋势。本期实际指标与前期实际指标对比，按照分析的目的不同，又可以采用不同的评价标准。例如，为了分析两个时期的某项指标的发展变化情况，可将本期实际指标与上期实际指标、上年同期实际指标、历史最好水平进行对比。

（2）本期的实际指标与预期目标相比较。

将本期的实际指标与本期预期目标、计划指标、定额指标、标准值相比较，可以考核企业经营者受托责任的完成情况。在进行这种对比时，应注意预期目标本身的合理性和先进性，否则对比就失去了公平性和客观性。

（3）本期的实际指标与同类企业相同指标比较。

本期的实际指标与国内外同类型企业的平均水平、先进水平或行业标准相比较，以便找出差距，制定赶超目标，增强企业的竞争能力。

必须指出，进行财务指标的对比分析，要注意指标的可比性，这是运用比较分析法的必要条件。所谓指标的可比性，是指相互对比的指标的内容、口径、计算方法应当一致。若对比的指标口径不一致，应作必要的调整换算，以便消除不可比因素。

3. 因素分析法

因素分析法是管理会计中进行成本差异分析时广泛使用的一种方法。随着企业管理水平的提高，在对财务报告进行分析时也逐渐开始使用该方法。因素分析法是一种把一些综合性指标分解为若干个经济因素，然后分别测算各因素变动对综合性指标影响程度的方法。财务指标往往具有高度的综合性，一项指标的变动经常是多种因素共同作用的结果。在财务报表分析中，需要了解某项指标是受哪些因素的共同影响及多个因素影响的程度，这就需要通过因素分析法来解决。

因素分析法的实质是将某项指标与计划数或前期数等相比的差异按因素分解成几部分，每部分是由不同的因素变化引起的。

9.3 中小企业收益能力如何

收益能力又叫获利能力，是公司持续存在和发展的必要条件，也是决定和影响股票投资者获得的股利和差价利润多寡的主要因素。因此，收益力是投资分析对象。企业获利能力的分析，可从股东及公司两方面来分析，也就是说，有些财务指标直接反映股东投资企业所能获得的投资报酬（称为股东获利能力）；有些公司经营中的获利能力，只是间接地影响股东利益。

1. 分析股东获利能力的常用指标

（1）每股盈余。每股盈余指公司普通股每股在一年中所赚得的盈余，是评估股票价值时的重要指标。其计算公式为：

每股盈余 =（税后利润 - 优先股股利）÷发行在外的普通股股利

每股盈余的计算关键在于普通股股数的确定。一般，年度中股数未发生变动时以年终股数计算；年度中增加发行新股时，新股需按实际流通期间占全年度之比率折合计算；年度中如发放股票股利或实施股票分割时，不论在一年中何时发生，均应视作期初发生，而以发放股票股利或股票分割后的股数作为计算基础；股数仅指流通在外的普通股，公司收回后尚未重新发行的库藏股票不包括在内。

（2）市盈率。市盈率又称本益比、价盈比、P/E 值，指投资者获得单位盈余所付出的成本，其公式为：

市盈率 = 每股市价 ÷ 每股盈余

（3）本利比。本利比与市盈率的道理相近，只是用每股股利代替每股盈余，因此本利比通常比市盈率高。

本利比 = 每股市价 ÷ 每股股利

（4）普通股权益报酬率。普通股权益报酬率指普通股股东的投资回报率。如果公司未发行优先段，那么普通股权益报酬率就等于股东权益报酬率或自有资本报酬率。这一比率自然是越高越好。

普通股权益报酬率 =（税后净利润 - 优先股股利）÷平均普通股权益

股东权益报酬率 = 税后净利润 ÷ 平均股东权益总额

（5）现金收益率。现金收益率指每股股东每年可从公司收取的现金除以市价，可用于衡量股东真正实现的报酬大小。

现金收益率 = 每股现金股利 ÷ 每股市价

2. 用于分析公司获利能力的指标

（1）毛利率。在商品生产行业，毛利是销售收入减去销售成本的余额。毛利率就是衡量企业毛利在销售收入中的比率。

毛利率 = 毛利 ÷ 销售收入

（2）总资产报酬率。这一比率可以衡量企业对其所拥有资源的运用效果，最能显示出企业的经营绩效。该比率愈高表示公司运用经济资源的获利能力愈强。

总资产报酬率 = 税前息收益 ÷ 平均总资产

9.4 中小企业安稳能力如何

安稳能力分析就是测试企业的经营基础是否稳固、企业财务结构是否合理、偿债能力是否具备的指标。一个企业，如果没有足够的偿债能力，那么即使获利能力再高，也是很危险的。企业应付突发事件的能力很弱，企业的经营是潜伏着危机的。有在安稳能力上过了关，才能有条件和基础去平稳发展。安稳能力分析包括短期偿债能力分析和长期偿债能力分析。

1. 短期偿债能力分析

企业短期偿债能力，又称短期周转能力，指企业以流动资产支付流动力。一般用于衡量短期偿债能力大小的指标有：

（1）流动比率。流动比率又称营运资金比率，是衡量企业短期偿债能力最常用的一种比率，它以流动资产除以流动负债而得。企业流动资产通常包括现金、有价证券、应收账款以及存货等，而流动负债则包括应付账款、短期应付票据、一年内到期的长期负债、应付未付工资以及应付未付所得税等。由于企业的流动负债常须使用流动资产偿付，所以计算流动资产与流动负债的关系，将可以测验公司短期偿债能力的强度。

原则上，流动比率越高企业短期偿债能力越强。但事实上，比率太高可能发生呆滞，未作最有效运用。根据经验法则，通常认为流动比率达到200%较为合适。

流动比率＝流动资产÷流动负债

（2）速动比率。由于流动资产中各项目的变现能力不尽相同，故衡量企业短期偿债负债能力时，除流动比率外，还应对流动资产的构成内容加以分析。速动比率就是其中一个。

速动比率又称酸性测验比率。其计算公式如下：

速动比率＝速动资产÷流动负债＝（流动资产－存货－预付费用）÷流动负债

一般认为速动比率等于100%比较适当，不宜太高，也不能太低。

（3）营运资金。营运资金（working capital），指流动资产减流动负债的余额。因为流动负债的清偿要消耗流动资产，应将其从流动资产中减除，余额才能代表企业的周转能力，所以营运资金被视作衡量企业短期偿债能力的一项重要指标。

2. 长期偿债能力分析

长期偿债能力分析又称公司资本结构或财务结构分析。这是因为企业未来的长期偿债能力有很多不可控制的因素，只能通过间接的方式即分析公司资本予以评核。所谓资本结构，指的是企业自有资金与借入资金的比重。具体指标有以下几个：

（1）股东权益对负债比率。企业的资金主要来自股东和债权人，即股东权益和负债。股东权益对负债比率就显示两种资金的相对比重高低。该比率越大，说明企业负债越少，债权的利益越有保障；反之则显示企业负债过多，财务结构不够健全，一旦遭遇不景气时，企业就有偿债困难，债权人的利益受到较小的保障。该比率计算公式如下：

股东权益对负债比率＝股东权益÷负债

（2）负债比率与权益比率。公司资产总额等于负债总额加上股东权益总额。负债总额除以资产总额商，就是负债比率；股东权益除以资产总额的商，就是权益比率，又称自有资金比率。这两项比率之和等于100%，它们分别用以衡量总资产中债权人和股东的资金比率。其公式为：

负债比率＝负债总额÷资产总额

权益比率＝股东权益÷资产总额

当权益比率过低（即负债比率过高）时，债权人所受的保障降低；但是，如果权益比率过高，则也会减少财务杠杆作用的发挥，对股东较为不利。因此，衡量这两个比率时，不可极端化。此外，还得注意行业特性，例如金融业权益比重一般比其他行业低得多。

（3）固定资产对股东权益比率。此项比率除可用以测试企业的偿债能力外，也可显示企业闹定资产投资是否适当，企业是否有短期资金长期使用之下所暴露的财务风险。该比率的汁算公式为：

固定资产对股东权益比率＝固定资产÷股东权益总额

此比率若小于1，表示企业购置固定资产所需资金全来自股东，公司比较稳健。若此比率大于1，表示企业购置固定资产所需资金有一部分来自于债权人，公司经营较不稳健。

（4）有形资产净额对长期负债比率。一般地，企业在取得长期性借款或发行债券时，须以其有形资产作担保品。此比率就可以衡量资产的清算价值对长期负债的保障程度。有形资产净额指资产总额减除商誉、商标权、专利权、特许权等不具实体存在的无形资产。

有形资产净额对长期负债比率 = 有形资产净额 ÷ 长期负债

此比率大于 1 时，表示长期负债的债权人有较佳的保障。

（5）利息保障倍数。许多分析专家认为除非企业结束经营，否则不太可能完全以处分资产的方式来偿还负债，而常用盈余来支付长期负债的本金及利息。因此还需分析盈余与利息支出之间的关系。

利息保障倍数又称盈余利息倍数或赚取利息倍数，它由公司支付利息和所得税前的利润除以利息总额而得。

利息保障倍数 = 付利息及付所得税前的利润 ÷ 本期利息支出

9.5 中小企业活动能力如何

企业活动能力又称资产运用效率、经营能力，指企业是否充分利用其现有资产的能力。活动力分析的目的就在于测试企业经营的效率。如果企业经营效率高，资产达到充分利用，那么只要商品销售利润率稍微提高一点，就可使资产报酬高。

活动力分析主要衡量平均总资产的运用效率以及现金、应收账款、存货、流动资产、营运资金、固定资产等运用效率。分析指标有：

1. 总资产周转率

企业总资产运用效率的衡量，以销售收入为基准。衡量的方法以企业全年的销售收入净额除以年初和年末总资产和的二分之一（即平均总资产）。公式如下：

总资产周转率 = 销售收入 ÷ 平均总资产

2. 应收账款周转率

原则上，由赊销净额除以期初期末应收账款平均余额而得到的应收账款周转率用以衡量应收账款在一年中收回的次数。周转次数较高说明经营效率较佳。由于分析人员很难把销售收入分为赊销和现金销售两类，因此，常用销售收入除以平均应收账款计算应收账款周转率。该比率太小，表示应收账款的收现期过长，应收账款管理缺乏效率。其公式如下：

应收账款周转率 = 赊销净额 ÷ 平均应收账款

或

应收账款周转率 = 销售收入 ÷ 平均应收账款

为测试应收账款收现速度，也常采用平均收账期这一指标。

平均收账期 = 365 ÷ 应收账款周转率

平均收账期间与公司授信期间（公司允许客户赊账的最长期间）相比，可以看出应收账款的品质好坏。平均收账期间越短，表示应收账款的流动性（变现性）越大。

9.6 中小企业成长能力如何

成长能力主要考察企业各项指标的增长状况，考察企业的发展前景。测试指标有股东权益增长率、每股净值增长率、固定资产增长率、销售收入增长率、税后利润增长率等。这些指标的计算公式为：

股东权益增长率 =（本期股东权益 - 基期股东权益）÷基期股东权益

每股净值增长率 =（本期每股净值 - 基期每股净值）÷基期每股净值

税后利润增长率 =（本期税后利润 - 基期税后利润）÷基期税后利润

成长能力指标都是由本期资料与同一项目以前几期（如上期）的资料进行比较，看其趋势。故而，投资者可以根据考察目标选取不同的项目或指标进行成长力分析。

9.7 中小企业生产能力如何

生产能力分析就是对企业为维持其永续生存，从事生产活动所创造的附加价值（企业本身新创出的价值）的大小进行分析。生产力的高低可用以显示企业经营效率的优劣，并进一步反应在获利能力的大小上。用以测试生产力的指标有以有以下几个：

附加价值率＝附加价值÷营业收入

人均产值＝产值÷平均从业人员

人均附加价值＝附加价值÷平均从业人员

经营资本投资效率＝附加价值÷经营资本

使用人力生产力＝附加价值÷用人费

由于生产力与获利能力在一定程度上有很大关联，且生产力分析所使用的资料很难为公司外面的人员所取得，因此投资者如果重视了获利能力分析，也就可以对生产力作简要分析或干脆略去。

9.8 怎样正确计算每股净收益

每股收益是指在一个会计年度内平均每股普通股获得的收益。只有普通股才需要计算每股收益，因此通常所说的每股收益就是指普通股的每股收益。作为一项财务信息，每股收益受到投资者和潜在的投资者的极大重视。

每股收益的计算公式如下：

$$\text{每股收益}=\frac{\text{净利润}-\text{优先股股利}}{\text{加权平均流通在外的普通股股数}}$$

式中，分子只包括普通股能够获得的权益，所以，优先股股利应该从净收益中扣除。

如果企业没有发行优先股，则上述公式为：

$$\begin{aligned}\text{每股收益}&=\frac{\text{净利润}}{\text{加权平均流通在外的普通股股数}}\\&=\text{净利润}\div[\text{期末普通股股份总数}\div(1+\text{配股比例或增发新股比例})\times\text{配股比例或增发新股比例}\times\text{缴款结束日下一月份至期末的月份数}\div 12+\text{期末普通股股份总数}\div(1+\text{配股比例或增发新股比例})]\end{aligned}$$

当企业的损益表项目中含有非经常项目或一次性项目时，应注意非经常项目或一次性项目对企业净利润的影响程度，如果非经常项目或一次性项目对企业的净利润影响程度较大，应在计算每股收益时剔除非经常项目或一次性项目对企业净利润的影响。

企业的收益是在整个会计年度中获得的，理应与整个会计年度中流通在外的普通股相对应。因此，公式中的分母是流通在外的普通股的加权平均数。

例 假设一家公司年初发行在外的可流通普通股为 2 000 万股，7 月，公司实施配股方案，按年初发行在外的可流通普通股为基数 10 配 1 股，增发普通股 200 万股，则当年该流通在外的普通股的加权平均数计算如表 9－1 所示。

表 9－1

流通在外的月份	流通在外的股数（万）	月数占全年的比例	加权平均股数（万）
（1）	（2）	（3）	（4）＝（2）×（3）
1 月～7 月	2 000	7/12	1 166. 66
8 月～12 月	2 200	2/12	916. 66
普通股加权平均股数	－	－	2 083. 33

上述表中计算结果可以用公式计算如下：

$$\text{普通股加权平均股数} = 2\ 200 \div 1.1 + 2\ 200 \div 1.1 \times 0.1 \times 5 \div 12$$

$$= 2\ 083.33\text{（万股）}$$

当支付股票股利和发生股票分割时，虽然并不能给企业带来更多的资金，但会改变流通在外的普通股股数，每股收益应该以发行股票股利和股票分割后流通在外的普通股股数为计算基础。承上例，设该企业 10 月 1 日按每 10 股派发 3 股股票股利，那么普通股加权平均数为 2 708. 33（2 083. 33×1. 3）万股。

假设，该企业全年净收益为 2 147 万元，优先股股利为 100 万元，那么该企业的普通股每股收益为 0. 756 元［（2 147－100）÷2 708. 33］。

需要说明的是，目前我国上市公司公布的普通股每股收益有两个：一个是按年末普通股股本总数计算的，另一个是按流通在外的普通股的加权平均数计算的。按年末普通股股本总数计算每股收益的计算公式为：

$$\text{普通股每股收益} = \frac{\text{净收益} - \text{优先股股利}}{\text{年末普通股股本总数}}$$

例

A 钢铁股份有限公司 2008 年和 2009 年的普通股每股收益计算如表 9－2 所示。

表 9－2

项　目	2004 年	2005 年
净利润（万元）	51 918	75 041
优先股股利	0	0
年末普通股股本总数（万股）	124 137	124 137
普通股每股收益（元/股）	0. 418	0. 605

A 钢铁股份有限公司 2005 年普通股股本总数未发生变化，所以其加权平均每股收益与每股收益是相同的。

9.9 如何察看中小企业的综合营运能力

一项财务比率只能反映和评价企业某一方面的财务状况，只有利用各种财务比率及其联系，进行综合分析，才能较为全面地评价和反映企业的财务状况。下面介绍几种分析方法。

1. 杜邦分析法

各种财务比率之间存在一定的相互关系，企业的财务状况是一个系统，其内部的各种因素相互依存、相互作用，财务分析应对整个系统进行综合分析。

杜邦分析法就是利用几种主要的财务比率之间的关系来综合分析企业的财务状况，这种方法首先由美国杜邦公司的经理创造出来，故称之为杜邦系统（The Du Pont System），见图 9－1。

杜邦系统反映了以下几种主要财务比率关系：

$$\text{权益乘数} = \frac{\text{资产总额}}{\text{所有者权益}} = \frac{\text{资产总额}}{\text{总资产} - \text{负债}} = \frac{1}{1 - \text{资产负债率}}$$

$$\text{权益净利率} = \frac{\text{净利润}}{\text{所有者权益}} = \frac{\text{净利润}}{\text{资产总额}} \times \frac{\text{资产总额}}{\text{所有者权益}} = \text{资产净利率} \times \text{权益乘数}$$

$$\text{资产净利率} = \text{销售净利率} \times \text{资产周转率}$$

$$\text{权益净利率} = \text{销售净利率} \times \text{资产周转率} \times \text{权益乘数}$$

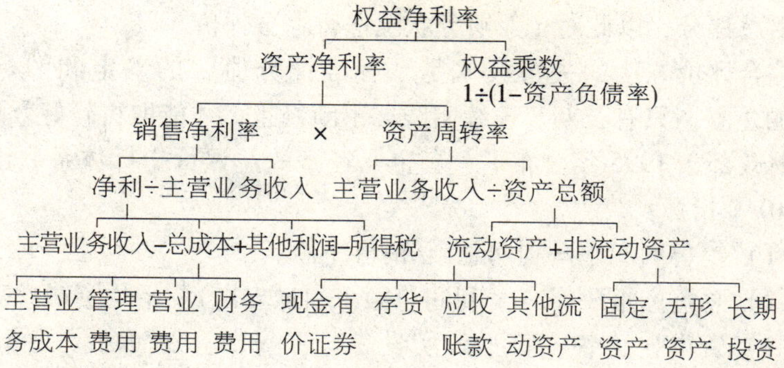

图 9－1

从公式中看，决定权益净利率高低的因素有三个方面：销售净利率、资产周转率和权益乘数。这样分解之后，可以把权益净利率这样一项综合性指标发生升、降变化的原因具体化，比只用一项综合性指标更能说明问题。

权益乘数主要受资产负债率的影响，资产负债率大，权益乘数就高，说明企业较高的负债程度给企业带来了较多的杠杆利益，同时也给企业带来了较多的风险。

销售净利率实际上反映了企业净利润与销售收入的关系。要提高销售净利润，必须从两个方面进行：一方面提高销售收入，另一方面降低各种成本费用。

资产周转率是反映运用资产以产生销售收入能力的指标。对资产周转率的分析，须对影响资产周转的各因素进行分析。除了对资产各构成部分从占用量上是否合理进行分析外，还可以通过流动资产周转率、存货周转率、应收账款周转率等有关各资产组成部分使用效率的分析，判明影响资产周转的主要问题出在哪里。

权益净利率是一个综合性极强、最具代表性的指标。它变动的原因涉及到企业生产经营活动的方方面面，与企业的筹资结构、销售收入变动、成本费用的高低、资产的合理配置和利用密切相关，这些因素构成了一个系统，只有协调好系统内外因素的关系，才能使权益净利率达到最大，使企业价值最大化。

2. 财务综合评价指标

对企业财务状况进行综合评价，常常采用以下方法，选择几种较为重要的财务比率，分别给定在总评价中占的比重，总和为 100 分，然后确定标准比率，并与实际比率相比较，得出每项指标的得分，最后求出总评分，以此对企业财务状况进行综合评价。

综合评价方法的关键技术是“标准评分值”的确定和“标准比率”的建立。只有长期、连续实践，不断修正，才能取得较好效果。

财政部于1995年公布了一套企业经济效益评价指标体系。该体系包括10个指标：

（1）销售利润率=利润总额/销售净额

（2）总资产报酬率=（利润总额+利息支出）/平均资产总额

（3）资本收益率=净利润/实收资本

（4）资本保值增值率=期末所有者权益总额/期初所有者权益总额

（5）资产负债率=负债总额/资产总额

（6）流动比率（或速动比率）

其中：流动比率=流动资产/流动负债

速动比率=（流动资产-存货）/流动负债

（7）应收账款周转率=赊销净额/应收账款平均余额

（8）存货周转率=主营业务成本/存货平均余额

其中：存货平均余额=（期初存货余额+期末存货余额）/2

（9）社会贡献率=企业社会贡献总额/平均资产总额

其中的企业社会贡献总额包括工资（含奖金、津贴等工资性收入）、劳保退休统筹及其他社会福利支出、利息支出净额、应交增值税、应交主营业务税金及附加、应交所得税及其他税费、净利润等。

（10）社会积累率=上交国家财政总额÷企业社会贡献总额。

其中的上交国家财政总额，包括应交增值税、应交主营业务税金及附加、应交所得税及其他税费等。

该套指标体系的综合评分一般方法如下：

（1）以行业平均值为标准值。

（2）标准值的评分为100分，其中销售利润率15分，总资产报酬率15分，资本收益率15分，资本保值增值率10分，资产负债率5分，流动比率（或速动比率）5分，应收账款周转率5分，存货周转率5分，社会贡献率10分，社会积累率15分。

（3）根据企业财务报表，分项计算10项指标的实际值，然后加权平均计算10项指标的综合实际评分。其计算公式如下：

综合实际分数=∑权数×（实际值÷标准值）

3. 沃尔比重评分法

在进行财务分析时，人们遇到的一个主要困难就是计算出财务比率之后，无法判断它是偏高还是偏低。与本企业的历史比较，也只能看出自身的变化，却难以评价其在市场竞争中的优劣地位。为了弥补这些缺陷，亚历山大·沃尔在其于20世纪初出版的《信用晴雨表研究》和《财务报表比率分析》等著作中提出了信用能力指数概念，将流动比率、产权比率、固定资产比率、存货周转率、应收账款周转率、固定资产周转率、自有资金周转率等七项财务比率用线性关系结合起来，并分别给定各自的分数比重，然后通过与标准比率进行比较，确定各项指标的得分及总体指标的累计分数，从而对企业的信用水平作出评价。

原始意义上的沃尔分析法存在两个缺陷：一是所选定的七项指标缺乏证明力；二是当某项指标严重异常时，会对总评分产生不合逻辑的重大影响。

与沃尔所处的时代相比，现在已经发生很大的变化，沃尔最初提出的七项指标已难以完全适用当前企业评价的需要。1999年6月1日财政部、国家经济贸易委员会、人事部、国家发展计划委员会颁布试行的《国有资本金效绩评价规则》和《国有资本金效绩评价操作细则》将整个指标体系分为三个层次，由基本指标、修正指标和评价指标共32项组成。表9-3是竞争性工商企业评价指标体系。

（1）评价标准的分类。

企业效绩评价标准分为计量指标评价标准和评议指标评价参考标准两类。

计量指标评价标准值按不同行业、规模企业分类，由五档标准值和与之相适应的标准系数组成，实行统一测算。

评价标准值以评价年度全国国有企业会计报表数据为基础，将各行业及不同规模企业经济运行状况划分为五个水平值。优秀值表示行业的最高水平，良好值表示行业的较高水平，平均值表示行业的总体平均水平，较低值表示行业的较低水平，较差值表示行业的最差水平。

表 9－3　　　　　竞争性工商企业评价指标体系

评价内容	基本指标	修正指标（±）	评议指标（±）
一、财务效益状况（42 分）	净资产收益率（30） 总资产报酬率（12）	资本保值增值率（16） 销售利润率（14） 成本费用利润率（12）	1. 领导班子基本素质（20） 2. 产品市场占有率（服务满意度）（18） 3. 基础管理水平（20） 4. 员工素质（12） 5. 技术装备水平（服务硬环境）（10） 6. 行业或区域影响力（5） 7. 企业经营发展战略（5） 8. 长期发展能力预测（10）
二、资产运营状况（18 分）	总资产周转率（9） 流动资产周转率（9）	存货周转率（4） 应收账款周转率（4） 不良资产比率（6）* 资产损失比率（4）*	
三、偿债能力状况（22 分）	资产负债率（12） 已获利息倍数（10）	流动比率（6） 速动比率（4） 现金流动负债比率（4） 长期资产适合率（5） 经营亏损挂账比率（3）*	
四、发展能力状况（18 分）	销售增长率（9） 资本积累率（9）	总资产增长率（7） 固定资产成新率（5） 三年利润平均增长率（3） 三年资本平均增长率（3）	
权重合计	100	100	100

*根据《企业会计制度》，这些内容已不再反映在企业财务会计报告的相关项目中，故本书不再介绍其计算方法。

标准系数是指标实际值对应五档标准值所达到的档次系数，具体规定如下：

优秀值及以上的标准系数为 1。

良好值及以上的标准系数为 0.8。

平均值及以上的标准系数为 0.6。

较低值及以上的标准系数为 0.4。

较差值及以上的标准系数为 0.2。

较差值以下的标准系数为 0。

（2）评议指标参考标准设定。

评议指标参考标准按单项指标分别设定，每项指标都分为优（A）、良（B）、中（C）、低（D）、差（E）五个等级，每个等级对应的等级参数分别为 1、0.8、0.6、0.4、0.2，并分别设定了每个等级的具体含义。

（3）评价指标的计分方法。

企业效绩评价的主要计分方法是功效系数法，以综合分析判断法为辅助方法。

①初步评价的具体计分方法。

初步评价是指运用企业效绩评价基本指标，将指标实际值对照相应评价标准值，计算各项指标实际得分。其计算公式如下：

$$\text{单项基本指标得分} = \text{本档基础分} + \text{本档调整分}$$

$$\text{本档基础分} = \text{指标权数} \times \text{本档标准系数}$$

$$\text{调整分} = [(\text{实际值} - \text{本档标准值}) / (\text{上档标准值} - \text{本档标准值})] \times (\text{上档基础分} - \text{本档基础分})$$

$$\text{上档基础分} = \text{指标权数} \times \text{上档标准系数}$$

$$\text{基础指标总分} = \sum \text{单项指标得分}$$

②基本评价的具体计分方法。

基本评价是在初步评价结果的基础上，运用修正指标对企业效绩初步评价结果进一步调整。基本评价的计分方法仍依据功效系数法原理，以各部分评价内容的基本指标得分为基础，按相应的修正系数计算。其计算公式如下：

$$\text{某部分评价内容修正后得分} = \text{相关部分基本指标得分} \times \text{该部分综合修正系数}$$

$$\text{修正后评价总分} = \sum \text{各部分评价内容修正后得分}$$

修正系数的计算方法详见《国有资本金效绩评价计分方法》。

③定性评价的具体计分方法。

定性评价是运用评议指标综合考察影响企业经营绩效的相关非定量因素，对企业经营状况进行定性分析判断。具体根据评议指标所考核的内容，由评价工作组的各位工作人员，依据评价参考标准判定实际指标达到的等级，计算评议指标得分。其计算公式为：

$$\text{单项指标分数} = \sum_{i=5}^{n} \frac{\text{单项指标权数} \times \text{每位评议人员选定的等级参数}}{\text{评议人员总数}}$$

$$\text{评议指标总分} = \sum \text{单项评议指标得分}$$

如果被评价企业会计信息发生严重失真、丢失或因客观原因无法提供真实、合法会计数据资料等异常情况，以及受国家政策变化、市场环境改变等重大因素影响，利用企业提供的会计数据已无法形成客观、公正的评价结论时，经相关的评价组织机构批准，可单独用评议指标进行定性评价，得出评价结论。

④综合评价的具体计分方法。

综合评价是运用整个评价体系产生的结果，对评价对象作出的综合评价结论。具体根据评议指标得分，对基本评价结论进行修正，计算出综合评价得分，其计算公式为：

$$\text{综合评价得分} = \text{修正后定量指标得分} \times 80\% + \text{定性指标得分} \times 20\%$$

9.10 如何利用表外信息进行补充分析

多数能力指标，都是从财务报表资料中取得的，还有一些财务报表资料中没有反映出来的因素，也会影响企业的短期偿债能力，甚至影响力相当大。财务报表的使用者，多了解些这方面的情况，有利于做出正确的判断。

1. 增加变现能力的因素

企业流动资产的实际变现能力，可能比财务报表项目反映的变现能力要好一些，主要有以下几个因素：

（1）可动用的银行贷款指标：银行已同意、企业未办理贷款手续的银行贷款限额，可以随时增加企业的现金，提高支付能力。这一数据不反映在报表中，必要时应在财务情况说明书中予以说明。

（2）准备很快变现的长期资产：由于某种原因，企业可能将一些长期资产很快出售变为现金，增加短期偿债能力。企业出售长期资产，一般情况下都是要经过慎重考虑的，企业应根据近期利益和长期利益的辩证关系，正确决定出售长期资产的问题。

（3）偿债能力的声誉：如果企业的长期偿债能力一贯很好，有一定的声誉，在短期偿债方面出现困难时，可以很快地通过发行债券和股票等办法解决资金的短缺，提高短期偿债能力。这个增加变现能力的因素，取决于企业自身的信用声誉和当时的筹资环境。

2. 减少变现能力的因素

减少企业流动资产变现能力的因素，未在财务报表中反映的主要有：

（1）未作记录的或有负债：或有负债是有可能发生的债务。对这些或有负债，按我国《企业会计准则》并不作为负债登记入账，也不在报表中反映。只有已办贴现的商业承兑汇票，作为附注列示在资产负债表的下端。其他的或有负债，包括售出产品可能发生的质量事故赔偿和尚未解决的税额争议可能出现的不利后果、诉讼案件和经济纠纷案可能败诉并需赔偿等等，都没有在报表中反映。这些或有负债一旦成为事实上的负债，将会加大企业的偿债负担。

（2）担保责任引起的负债：企业有可能以自己的一些流动资产为他人提供担保，如为他人向金融机构借款提供担保，为他人购物担保或为他人履行有关经济责任提供担保等。这种担保有可能成为企业的负债，增加偿债负担。

9.11 怎样超越财务数字
——一览众山小

1. 确定企业所出特定的经济特征

财务报告数据分析是不能在企业范围内完全解决的。因为，财务报表与企业财务特性之间关系的确定不能离开行业经济特征的分析，换句话说，同样的财务报告放在不同行业的企业中，它所体现的经济意义和财务特性很可能完全不同，如零售业、房地产行业就有差别很大的财务比率；又如，高科技行业与传统的行业不仅在行业经济特征上有很大的差别，而且决定其竞争地位的因素也各不相同。在财务分析时，行业经济特征是一个非常重要的分析基础，只有了解和确定一个企业所处特定行业的经济特征，才有可能真正理解财务报表的经济意义。缺乏对所处行业经济特征的把握，那就意味着企业财务财务管理人员把自己孤立在一个狭小的圈子里，不知道企业所处的环境、行业发展前景及其影响、竞争地位。确定企业所处行业的经济特征是有效管理财务的第一步，透过行业经济特征的确定，为理解才报表数据的经济意义提供了一个“航标”。

2. 确定企业为增强竞争优势而采取的战略

财务分析与企业战略有密切的关联，如果说行业经济特征是财务管理人员理解报表数据经济意义的“航标”，那么企业战略就是财务管理人员在为企业决策作出相关评价的具体指南。离开企业战略，财务分析同样会迷失方向，财务分析就不可能真正帮助企业决策做出科学的评价。因此，在有效的财务分析模式中，紧接着产业经济特征分析之后的就是要确定企业战略。

企业之所以要确立其战略，并将其与竞争者区分开来，完全是出于竞争的需要。尽管一个行业的经济特征一定程度上限制了企业在制定与同行业的其他竞争者进行竞争的战略弹性，但是许多企业仍然通过制定符合其特定要求的，难于被仿制的战略以创造可持续的竞争优势。影响企业战略的主要因素包括地区和产业多元化、产品和服务特征等，有效的财务分析应当是建立在对企业战略的理解基础之上的。也就是说，应当理解不同的企业是如何对制约发展的因素做出积极反应，以及怎样维护已制定的战略的。为了理解一个企业的战略，财务管理人员不仅要认真地看其战略计划，还要考察其实施计划的各种具体的行动。此外，对竞争企业之间战略的比较也是必不可少的。企业的行业分析和战略分析是财务分析的基础，通过行业分析和战略分析，财务管理人员能深入了解企业的经济状况和经济环境，评价企业财务报告反映经济业务的真实程度，从而可以进行客观、正确的财务分析。

3. 正确理解和净化企业的财务报告

企业财务管理人员在利用财务报告时，对财务报告本身也有一个理解和净化的过程。所谓理解和净化，是指财务财务管理人员根据财务预警信号分析与财务报表中的关键项目（如利润额）所作的调整和分析性复核。“净利润”和“经营性现金流”包含了企业经营管理的基本信息，是对上市公司业绩水平最概括的描述。

9.12 如何确定最佳资本结构

所谓最佳资本结构是指企业在一定时期最适宜其生存条件，使其综合资本成本最低，同时企业价值最大的资本结构。它应作为企业的目标资本结构。

根据现代资本结构理论分析，企业最佳资本结构是存在的，在资本结构的最佳点上，企业的综合资本成本达到最低，同时企业价值最大。

最佳资本结构的确定有以下两种方法：

1. 比较资本成本法

比较资本成本法是计算不同资本结构（或筹资方案）综合资本成本，并以此为标准相互比较进行资本结构决策。

企业的资本结构决策，可分为初次利用债务筹资和追加筹资两种情况。前者可称为初始资本结构决策，后者可称为追加资本结构决策。

（1）初始资本结构决策。

在实际中，企业对拟定的筹资总额，可以采用多种筹资方式来筹集，同时每种筹资数额亦可有不同安排，由此形成若干个资本结构（或筹资方案）可供选择。现举例说明：

例 某企业初创时有如下三个筹资方案可供选择，有关资料经测算汇入表9－4。

表9－4　**某企业初创时的三个筹资方案比较**　单位：万元

筹资方式	筹资方案一		筹资方案二		筹资方案三	
	筹资额	资本成本（%）	筹资额	资本成本（%）	筹资额	资本成本（%）
长期借款	40	6	50	6.5	80	7.0
债券	100	7	150	8.0	120	7.5
优先股	60	12	100	12.0	50	12.0
普通股	300	15	200	15.0	250	15.0
合　计	500	–	500	–	500	–

下面分别测算三个筹资方案的加权平均资本成本，并比较其高低，从而确定最佳筹资方案，亦即最佳资本结构。

方案一：

①各种筹资占筹资总额的比重。

长期借款　$40 \div 500 = 0.08$

债券　$100 \div 500 = 0.2$

优先股　$60 \div 500 = 0.12$

普通股　$300 \div 500 = 0.6$

②加权平均资本成本。

$$0.08 \times 6\% + 0.2 \times 7\% + 0.12 \times 12\% + 0.6 \times 15\% = 12.32\%$$

方案二：

①各种筹资占筹资总额的比重。

长期借款　$50 \div 500 = 0.1$

债券　$150 \div 500 = 0.3$

优先股　$100 \div 500 = 0.2$

普通股　$200 \div 500 = 0.4$

②加权平均资本成本。

$$0.1 \times 6.5\% + 0.3 \times 8\% + 0.2 \times 12\% + 0.4 \times 15\% = 11.45\%$$

方案三：

①各种筹资占筹资总额的比重。

长期借款　$80 \div 500 = 0.16$

债券　$120 \div 500 = 0.24$

优先股　$50 \div 500 = 0.1$

普通股　$250 \div 500 = 0.5$

②加权平均资本成本。

$$0.16 \times 7\% + 0.24 \times 7.5\% + 0.1 \times 12\% + 0.5 \times 15\% = 11.62\%$$

以上三个筹资方案的加权平均资本成本相比较，方案二的最低，在其他有关因素大体相同的条件下，方案二是最好的筹资方案，其形成的资本结构可确定为该企业的最佳资本结构。企业可按此方案筹集资金，以实现其资本结构的最优化。

（2）追加资本结构决策。

企业在持续的生产经营过程中，由于扩大业务或对外投资的需要，有时会增加筹集新资，即所谓追加筹资，因追加筹资以及筹资环境的变化，企业原有的资本结构就会发生变化，从而原定的最佳资本结构也未必仍是最优的。因此，企业应在资本结构不断变化中寻求最佳结构，保持资本结构的最优化。

一般而言，按照最佳资本结构的要求，选择追加筹资方案可有两种方法，一种方法是直接测算比较各备选追加筹资方案的边际资本成本，从中选择最优筹资方案；另一种方法是将备选追加筹资方案与原有最优资本结构汇总，测算各追加筹资条件下汇总资本结构的综合资本成本，比较确定最优筹资方案。下面举例说明。

例 某企业现有两个追加筹资方案可供选择，有关资料经测算整理后如表 9-5 所示。

表 9-5　　**追加筹资边际资本成本计算表**　　单位：万元

筹资方式	追加筹资方案一		追加筹资方案二	
	追加筹资额	资本成本（%）	追加筹资额	资本成本（%）
债券	50	7.0	60	7.5
优先股	20	13.0	20	13.0
普通股	30	16.0	20	16.0
合　计	100	–	100	–

追加筹资方案的边际资本成本也要按加权平均法计算，根据资料两个追加筹资方案的边际资本成本计算如下：

方案一：

$$边际资本成本 = \frac{50}{100} \times 7\% + \frac{20}{100} \times 13\% + \frac{30}{100} \times 16\% = 10.9\%$$

方案二：

$$边际资本成本 = \frac{60}{100} \times 7.5\% + \frac{20}{100} \times 13\% + \frac{20}{100} \times 16\% = 10.3\%$$

两个追加筹资方案相比，方案二的边际资本成本低于方案一，因此，追加筹资方案二优于方案一。

若该企业原有的资本结构为：长期借款 50 万元，债券 150 万元，优先股 100 万元，普通股（含留用利润）200 万元，资金总额 500 万元。现将其与追加筹资一、二方案汇总列示如表 9-6 所示。

表 9－6　　单位：万元

筹资方式	原资本结构		追加筹资方案一		追加筹资方案二		追加筹资后的资本结构	
	资金额	资本成本（%）	追加资金额	资本成本（%）	追加筹资额	资本成本（%）	方案一	方案二
长期借款	50	6.5	50	7.0	60	7.5	100	110
债券	150	8.0	–	–	–	–	150	150
优先股	100	12.0	20	13.0	20	13.0	120	120
普通股	200	15.0	30	16.0	20	16.0	230	220
合　计	500	–	100	–	100	–	600	600

原资本结构：

$$边际资本成本 = \frac{50}{500} \times 6.5\% + \frac{150}{500} \times 8\% + \frac{100}{500} \times 12\% + \frac{200}{500} \times 15\% = 11.45\%$$

方案一：

$$边际资本成本 = \frac{50}{100} \times 7\% + \frac{20}{100} \times 13\% + \frac{30}{100} \times 16\% = 10.9\%$$

方案二：

$$边际资本成本 = \frac{60}{100} \times 7.5\% + \frac{20}{100} \times 13\% + \frac{20}{100} \times 16\% = 10.3\%$$

比较两个方案追加筹资后新的资本结构下的边际资本成本，结果是方案二追加筹资后的边际资本成本 10.03% 低于方案一追加筹资后的边际资本成本 10.9%，因此，追加筹资方案二优于方案一。

由此可见，该企业追加筹资后，虽然改变了资金结构，但经过科学的测算，作出正确的筹资决策，企业仍可保持其资金结构的最优化。

2. 收益最大分析法

评价企业资本结构优劣的标志之一，是看其能否在一定的息税前收益水平下为所有者提供较大的收益。

在非股份制企业中，投资者的收益是用权益资本收益率来衡量的。因此，非股份制企业优化资本结构的方法之一，就是分析不同资本结构下权益资本收益率的大小，找出在一定息税前收益水平下使权益资本收益最大的资本结构。现举例说明。

例 某企业拟筹资400万元，这笔资金的息税前收益为56万元，该企业负债资本与权益资本的比例有以下四种安排。

（1）全部为权益资本。

（2）权益资本300万元，负债资本100万元，此时负债资本的利息率为8%。

（3）权益资本200万元，负债资本200万元，此时负债资本的利息率为10%。

（4）权益资本100万元，负债资本300万元，此时负债资本的利息为13%。

应选择哪种资本结构呢？通过计算四种资本结构下的权益资本收益率，即可确定最优资本结构。

①权益资本收益率 $=\frac{56}{400}\times 100\% = 14\%$

②权益资本收益率 $=\frac{56-100\times 8\%}{300}=16\%$

③权益资本收益率 $=\frac{56-200\times 10\%}{200}=18\%$

④权益资本收益率 $=\frac{56-300\times 13\%}{100}=17\%$

由以上计算可以看出，权益资本为200万元、负债资本为200万元的资本结构为最佳资本结构。

在股份制企业，普通股股东的收益大小是以每股税后净收益来衡量的，因此每股利润分析法是股份制企业优化资本结构的方法之一，即分析不同资本结构下每股收益最大的资本结构。

当公司用负债资本代替权益资本时，在负债比率达到50%之前，每股收益的期望值不断增大；当负债比率超过50%以后，由于负债利率的加速上升，致使支付利息过多，引起每股收益下降。因此，负债比率为50%的资本结构是使该公司股东每股收益最大的最优资本结构。

若企业发展生产需追加资金，考虑采用什么筹集方式时，也可通过分析不同情况下每股收益大小来取舍。

如上述公司，原有资本800万元，其中普通股300万元（面值1元，300万股），留存收益200万元，银行借款300万元，年利率8%。现准备扩大经营规模，增资500万元，筹资方案有三种：

（1）全部发行普通股。增发 200 万股普通股，每股面值 1 元，发行价格 2.5 元。

（2）全部发行债券。发行 500 万元债券，年利率 11%。

（3）一部分发行普通股，一部分发行债券，增发 100 万股普通股，每股面值1元，发行价格 2.5 元；发行债券 250 万元，年利率 10%。

设公司所得税税率为 33%，选择哪种筹资方案？我们可采用每股收益无差别分析方法。这种方法是利用每股收益的无差别点进行分析。所谓无差别点，就是使不同资本结构下的每股收益相等的息税前收益额。

①分别列出以上三种方式的每股收益与息税前收益的关系式。

如果采用第一种方案，该公司资本结构将为普通股 500 万元，资本公积 300 万元，留存收益 200 万元，银行借款 300 万元，普通股每股收益：

$$EPS_1 = \frac{(EBIT - 300 \times 8\%) \times (1 - 33\%)}{500} = \frac{(EBIT - 24) \times 67\%}{500}$$

如果采用第二种方案，该公司资本结构将为普通股 300 万元，留存收益 200 万元，银行借款 300 万元，债券 500 万元，普通股每股收益：

$$EPS_2 = \frac{(EBIT - 300 \times 8\% - 500 \times 11\%) \times (1 - 33\%)}{300} = \frac{(EBIT - 79) \times 67\%}{300}$$

如果采用第三种方案，该公司资本结构将为普通股 400 万元，资本公积 150 万元，留存收益 200 万元，银行借款 300 万元，债券 250 万元，普通股每股收益：

$$EPS_3 = \frac{(EBIT - 300 \times 8\% - 250 \times 10\%) \times (1 - 33\%)}{400} = \frac{(EBIT - 49) \times 67\%}{400}$$

②确定不同资本结构的无差别点。

令 $EPS_1 = EPS_2$

即 $\frac{(EBIT - 24) \times 67\%}{500} = \frac{(EBIT - 79) \times 67\%}{300}$

可得方案 1 与方案 2 的无差别点：

EBIT = 161.5（万元）

令 $EPS_1 = EPS_3$

即 $\frac{(EBIT-24)\times 67\%}{500}=\frac{(EBIT-49)\times 67\%}{400}$

可得方案1与方案3的无差别点：

EBIT = 149（万元）

令 $EPS_2 = EPS_3$

即 $\frac{(EBIT-79)\times 67\%}{300}=\frac{(EBIT-49)\times 67\%}{400}$

可行方案2与方案3的无差别点：

EBIT = 169（万元）

根据以上计算可见，当公司的息税前收益预计将低于149万元时，采用第一种方案，即增发普通股，能提供较大的每股收益；当公司的息税前收益预计将大于149万元，但小于161.5万元时，采用第三种方案，即增发普通股和发行部分债券，能提供较大的每股收益；当公司的息税前收益将大于169万元时，采用第二种方案，即全部发行债券，能提供较大的每股收益。

应当指出，资本结构决策是企业财务决策中一项比较复杂的工作。比较资本成本法和收益最大分析法直接以加权平均资本成本的高低或每股收益的大小为依据，虽然集中考虑了资本成本和财务杠杆利益，但还是不够全面。在资本结构决策的具体实务中，还应结合考虑财务风险等因素，并总结实际工作经验，认真分析各种因素。

9.13 如何考量中小企业的口袋是否“有钱”

经营现金流反映了企业营业利润质量的真实性，因此被誉为现金流量表的灵魂。如果说现金是企业赖以生存发展的血液，那么经营性现金流量的匮乏说明了企业造血功能的低下，为维持企业正常运转，企业只能依靠外部输血——筹资。经营活动的现金量大小，反映公司自身获得现金的能力，是公司获得资金持续来源的主要途径。一般而言，上市公司经营活动产生净现金流量为整数，而且经营活动的现金流量占全部现金流量的比重越大，说明公司的财务状况越稳定。经营活动现金流量分析要点：

1. 分析经营活动现金流量的够用程度

（1）经营活动现金流量的结构和用途分析。

企业生产经营活动离不开现金。企业生产经营活动的目的是获取利润，通俗地讲，也就是企业最终累计取得的现金必须大于其最初投入的现金。一个企业要想在激烈的市场竞争中站稳脚跟，不仅要想方设法把自己的产品销售出去，更重要的是能够及时收回货款，以便以后的生产经营活动能够顺利开展，不管是现金的短期循环，还是现金的长期循环，起点都是现金，而重点还是现金。现金是企业的生命之源，没有现金，企业的生产经营就会陷入困境；没有现金，企业经营者也就难为无米之炊。因此，分析企业有没有足够的现金，可以大致判断其生产经营是否顺畅。

（2）经营活动现金流量的结构分析。

① 经营活动现金流量的结构分析是：将销售商品、提供劳务收到的现金与购进商品、接受劳务付出的现金进行比较。在企业经营正常、购销平衡的情况下，二者比较的比率大，说明企业的销售利润大，销售回款良好，创现能力强；将销售商品、提供劳务收到的现金与经营活动流入的现金总额进行比较，可大致说明企业产品销售现款占经营

活动流入的现金的比重。比重大，说明企业主营业务突出，营销状况良好；将本期经营活动现金净流量与上期进行比较，增长率越高，说明企业成长性越好。

② 企业经营活动的现金流量主要途径。

③ 在稳定发展阶段，企业经营活动现金净流量应该对企业的利润有足够的支付能力。对于那些商品经营活动占有较大比重的企业来说，经营活动的现金流量是企业短期内最稳定、最主动、最可以寄予希望维持资金流转的现金流量。企业经营活动的现金流量可能会主要用于下列用途：支付利息费用；支付本年现金股利；补偿本年度固定资产折旧和无形资产摊销等摊销性费用；补充本年度已经计提，但应由以后年度支付的应计性费用；如果还有剩余的现金流量，则是剩余的现金流量可以为企业对内扩大再生产、对外进行股权和债权投资提供额外的资金支持。

2. 经营活动现金流量的够用程度分析

结合我国学者张新民的研究，分析经营活动现金流量的够用程度可从以下方面展开：

（1）明确经营活动现金流入量主要包括销售商品、提供劳务收到的现金项目、收到的税费返还项目等，经营活动流出的现金主要包括购买商品、接受劳务支付的现金、支付给职工以及为职工支付的现金、支付的各项税费等。对于投资收益项目，企业也能产生现金流量，也可用于上述各用途。但是，除了投资的出售价格高于买入价格所引起的投资收益（主要发生在短期投资和长期投资的处置上）企业可以直接获得现金流量以外，不论是债权投资收益（利息收益），还是股权投资收益（既可以权益法确认，也可以成本法确认），其所引起的现金流量取决于被投资者的现金支付能力。因此，在正常的分析中，对投资收益所引起的现金流入作为“意外的惊喜”来处理，可能有利于掌握对现金流量规划的主动性。

（2）如果经营活动现金流量小于零，意味着企业通过正常的商品购、产、销所带来的现金流入量不足以支付因上述经营活动而引起的货币流出。企业正常经营活动所需的现金支付还需通过以下方式解决：消耗现存的货币积累；挤占本来可以用于投资的现金，推迟投资活动；进行额外贷款融资；拖延债务支付或加大经营活动负债。一般说来，企业在生命周期的成长阶段，经营活动现金流量往往表现为“入不敷出”状态。

（3）如果经营活动现金流量等于零，企业经营活动现金流量处于“收支平衡”状态。企业正常经营活动不需要额外补充流动资金，企业经营活动也不能为企业的投资活动以及融资活动贡献现金。但是，必须注意的是，在企业的成本消耗中，有相当一部分属于按照权责发生制原则的要求而确认的成本（如折旧）和应计成本（如对预提费用的处理），我们可把此称为非现金消耗性成本。显然，如果经营活动现金流量等于零，企业经营活动产生的现金流量是不可能为这部分非现金消耗成本的资源消耗提供货币补偿的。因此，从长期来看，经营活动现金流量等于零，不可能维持企业经营活动的货币“简单再生产。

（4）如果经营活动现金流量大于零，并在补偿当期的非现金消耗性成本后仍有剩余。此时意味着，齐也通过正常的商品购、产、销所带来的现金流入量不但能够支付因经营活动而引起的货币流出、补偿全部当期的非现金消耗性成本，而且还有余力为投资活动而引起的货币流出，补偿全部当期的非现金消耗性成本，而且还由余力为投资活动提供现金支持，表明企业所生产的产品适销对路、市场占有率高、销售回款能力较强，同时企业的付现成本、费用控制在较适宜的水平上。在这种状态下，经营现金流量处于良好的运转状态，对企业经营活动的稳定与发展、企业投资规模的扩大起到重要的促进作用。但要注意的是，经营活动现金流量仅仅大于零是不够的，如果经营活动现金流量大于零，但不足以或恰能补偿当期的非现金消耗性成本，仍然才能为企业扩大投资等发展提供货币支持。

9.14 怎样利用好财务杠杆

财务杠杆，又可称融资杠杆，是指企业在作资本结构决策时对债务筹资的利用。运用财务杠杆，企业可以获得一定的财务杠杆利益，同时也承受相应的财务风险。

1. 财务杠杆的定义

财务杠杆反映息税前收益与普通股每股收益之间的关系，特别用于衡量息税前收益变动对普通股每股收益变动的影响程度。

设 EBIT 为息税前的收益；I 为利息；T 为企业所得税税率；Dp 为优先股股利；N 为发行在外的普通股数；EPS 为普通股每股收益。

我们可以将普通股每股收益与息税前收益的关系用下式表示：

$$EPS = [(EBIT - I) \times (1 - T) - D_P] / N$$

从上式可看出，普通股每股收益与息税前收益之间是一种线性关系，随着息税前收益的增加，普通股每股收益也是增加的。

2. 财务杠杆系数

财务杠杆系数又称财务杠杆程度，是普通股每股税后利润变动率相当于息税前利润变动率的倍数。它可用来反映财务杠杆的作用程度，估计财务杠杆利益的大小，评价财务风险的高低。

计算公式为：

$$DFL = \frac{\triangle EPS/EPS}{\triangle EBIT/EBIT}$$

式中：DFL——财务杠杆系数；

△EPS——普通股每股收益变动额；

EPS——变动前的普通股每股收益；

△EBIT——息税前盈余变动额；

EBIT——变动前的息税前盈余。

为便于计算，可将上式变换为：

$$\because EPS=(EBIT-I)(1-T)/N$$

$$\triangle EPS=\triangle EBIT(1-T)/N$$

式中：I——利息；

T——所得税率；

N——流通在外普通股股数。

上述公式还可以推导为：

$$DFL=\frac{EBIT}{EBIT-I}$$

在有优先股的条件下，由于优先股股利通常也是固定的，但应以税后利润支付。此时，上列公式应改写成下列形式：

$$DFL=\frac{EBIT}{EBIT-I-D_P/(1-T)}$$

式中，D_P 表示优先股股利，其余符号含义同前。

例 某公司全部资金为 800 万元，债务资金比率为 0.6，债务利率为 10%，所得税率为 33%。在息税前利润为 100 万元时，税后利润为 29.48 万元，财务杠杆系数为：

$$\frac{100}{100-800\times0.6\times10\%}\approx1.9$$

上式表示，当息税前利润增长 1 倍时，普通股每股收益将增长 1.9 倍；反之，当息税前利润下降 1 倍时，普通股每股收益将下降 1.9 倍。当资本结构、利率、息税前利润等因素发生一定变化时，财务杠杆系数也会变动，从而表示不同程度的财务杠杆利益和财务风险。财务杠杆系数越大，对财务杠杆利益的影响就越强，财务风险也就越高。